EL MBA PARA LA VIDA REAL

Jack Welch · Suzy Welch

El MBA para la vida real

Una guía práctica para triunfar, construir equipos y desarrollar carreras

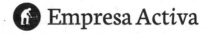 Empresa Activa

Argentina – Chile – Colombia – España
Estados Unidos – México – Perú – Uruguay – Venezuela

Título original: *The Real-Life MBA – Your No-BS Guide to Winning the Game, Building a Team, and Growing Your Career*
Editor original: HarperBusiness – An imprint of HarperCollinsPublishers, New York
Traducción: Helena Álvarez de la Miyar

1.ª edición Enero 2016

ISBN: 978-84-92921-36-2
E-ISBN: 978-84-9944-908-1
Depósito legal: B-27.494-2015

Fotocomposición: Ediciones Urano, S.A.U.
Impreso por: Romanyà-Valls – Verdaguer, 1 – 08786 Capellades (Barcelona)

Impreso en España – *Printed in Spain*

Índice

Presentación

Hola y felicidades. Felicidades por pillarlo. No el libro, aunque estamos encantados de que lo hayas «pillado».

Más bien, felicidades por pillar que nadie debería hacer negocios solo.

Los negocios son el deporte de equipo por excelencia. Poco importa si tu empresa tiene 5 empleados, 5.000 o 150.000. El tamaño es lo de menos. Y tampoco importa si es una empresa de Gary, Indiana, que saca una barra de acero tras otra por la puerta, o está en Palo Alto, escupiendo programas sin tregua. Da exactamente igual si estás en el tercer día de tu primer trabajo, metido en un cubículo sin ventana a unos 10.000 años luz de donde se cuecen las cosas en la compañía, o si controlas toda la operación desde una superoficina con vistas en el piso 45 de la sede central.

Los negocios no son cosa del «yo». Son cosa del «nosotros». Son cosa de «voy a aprovechar todos los consejos, ideas y ayuda que encuentre».

Y por eso te felicitamos. Si estás leyendo *El MBA para la vida real*, nos imaginamos que es porque estás de acuerdo con nosotros en esto. En los negocios, nunca dejas de aprender. Sencillamente, el ámbito de los negocios es demasiado amplio, incluye demasiadas facetas distintas, es demasiado imprevisible, la influencia de la tecnología demasiado grande, el alcance demasiado global, demasiado local, demasiado *todo* como para poder llegar a decir algún día «Ya me lo sé». ¡Por Dios!, nosotros seguimos aprendiendo a pesar de que juntos sumamos 81 años de ex-

9

periencia. Por cierto, es en los últimos diez años cuando más se nos ha abierto la mente.

Sí, en los últimos diez años es cuando más hemos aprendido y aquí va el por qué: después de publicar *Winning [Ganar]* en 2005 nos lanzamos a la carretera e iniciamos una década dedicada a dar charlas, escribir, impartir clases y asesorar, que nos ha llevado al interior de decenas de empresas, cada una enfrentándose a su particular y fascinante mercado y a sus propios retos de gestión. Hemos colaborado con un emprendedor en China para montar una empresa que ponga en contacto a compañías extranjeras y fabricantes locales, con unas bodegas chilenas en plena transformación del tradicional negocio familiar, con una joven empresa del sector aeroespacial con sede en Phoenix para establecer cómo y cuándo salir a Bolsa... Estas experiencias y muchas más han sido ventanas al actual mundo de los negocios y a todas las tareas pesadas y las oportunidades que su día a día conlleva. Al mismo tiempo, nuestras intervenciones públicas —por lo general sesiones de preguntas— ante aproximadamente un millón de personas en total, nos han permitido escuchar continuamente lo que los hombres y mujeres de negocios piensan —y qué les preocupa— en realidad. A eso hay que añadir el trabajo que uno de nosotros (Jack) ha estado haciendo en el ámbito del capital privado y como asesor de varios CEO desde 2002: evaluando, proporcionando pautas y ayudando a crecer a decenas de empresas de sectores que van desde los servicios sanitarios hasta el tratamiento de aguas, pasando por páginas web de encuentros. Y, para terminar, en este tiempo también hemos creado con éxito el MBA en línea del Jack Welch Management Institute de la Universidad de Strayer, que ya cuenta con más de 900 alumnos. La riqueza y variedad de las numerosísimas experiencias acumuladas por estos como profesionales a lo largo y ancho del planeta han ampliado, profundizado y conformado nuestra comprensión del mundo de los negocios actual de formas nuevas y emocionantes.

Si sabíamos algo sobre negocios cuando escribimos *Winning [Ganar]*, el hecho es que ahora sabemos más. Más de lo que verdaderamente interesa. Porque el mundo de los negocios ha cambiado y hemos tenido la suerte de haber vivido esos cambios desde dentro. No estamos queriendo decir que lo aprendido en la última década invalide en modo alguno los principios y prácticas de *Winning [Ganar]*, más bien todo lo contrario. Pero lo que hemos aprendido desde 2005 ha ampliado, actualizado y aumentado nuestros conocimientos anteriores, en algunos casos un poco, y en otros de manera radical.

Es indudable que vivimos tiempos radicales. Y también *emocionantes*. Y, desde luego, en cierto sentido, hacer negocios es ahora mayor reto que nunca. Eso es innegable. La economía actual no crece como solía hacerlo, por decirlo suavemente. La injerencia de los gobiernos de todo el mundo ha aumentado. La competencia internacional es cada trimestre más dura y la tecnología no deja de impulsar el progreso en todos los sentidos y a un ritmo cada vez más rápido.

Al mismo tiempo, vivimos una era de increíbles innovaciones. No solo en términos de nuevos productos y procesos de ingeniería increíbles —y que dan la impresión de mejorar a cada instante—, sino también en el sentido de cómo trabajan las empresas y las personas. El presidente Calvin Coolidge es famoso por haber dicho allá por 1925 que «el principal negocio [en el sentido de ocupación] de los americanos eran los negocios». Prácticamente todo el mundo, prácticamente en todas partes, fabrica algo, vende algo, crea algo o construye algo. Vivimos en la era del emprendimiento constante, personal y profesional, en organizaciones pequeñas e inmensas, en economías antiguas y en las recién creadas.

Tú verás si te arriesgas a quedarte de brazos cruzados. O, para ser más exactos, tú verás si te arriesgas a dejar de aprender.

Mejor lánzate a aprender y mira a ver qué pasa en tu organización, en tu equipo, en tu carrera. Emoción. Crecimiento. Éxito.

Nuestra esperanza y nuestro objetivo es que *El MBA para la vida real* sea parte de ese aprendizaje al que te lances. Una parte importante, de hecho. Una parte muy actual, de gran utilidad y aplicación inmediata.

Tal vez quieras usar este libro como complemento al MBA que estés cursando ahora mismo, ya sea presencial o en línea, pero en realidad este libro es para cualquiera que busque una guía no académica, en términos asequibles y cercanos, sobre los conceptos fundamentales y las mejores técnicas de MBA del tipo «apréndelo hoy y aplícalo mañana mismo». Quizá ya tengas estudios de MBA pero necesites desempolvar un poco el título. O puede que te encuentres en un punto de tu vida en el que resulta que te hace falta saber de negocios. Igual estás recién salido de la universidad y es tu primer trabajo. O tu primer ascenso a jefe, o tu primer puesto directivo en una ONG. Incluso puede que sea tu primer día de CEO —y empleado n.º 1— de tu propia *start-up*. (¡A por todas!)

En otras palabras, este libro es para cualquiera que no quiera hacer negocios solo.

Entonces, ¿*El MBA para la vida real* contiene todo lo que hay que saber sobre negocios? Por supuesto que no. Te animamos a que aprendas de negocios a través de todas las fuentes que tengas a tu alcance: colegas, jefes, la televisión, páginas web, periódicos, conferencias, podcasts y… sí… otros libros también. Identifica expertos de tu sector que te merezcan respeto y síguelos. Identifica expertos en tu sector con los que no estés de acuerdo y presta también atención a lo que hagan y digan.

Nuestro objetivo con este libro no es convertirte en un especialista funcional de ningún tipo. Nuestro objetivo es descodificar el actual negocio de los negocios, darte un marco para comprender en qué consisten los negocios hoy en día y cuáles son las actuales reglas del juego, sea cual sea el sector en el que estés o esperes estar en algún momento.

Para lograr todo lo anterior, *El MBA para la vida real* comienza con una sección titulada «Se trata de jugar», que incluye una serie de capítulos donde se analizan las maneras en que las empresas, sean del tamaño y tipo que sean, deberían organizarse y operar para ganar en el mercado: cómo pueden lograr que todo el mundo trabaje alineado en torno a una misión y unos comportamientos, por ejemplo; cómo crear una estrategia que permanezca siempre vigente; cómo resurgir después de una buena paliza a manos de la competencia; cómo impulsar el crecimiento, incluso en un entorno de crecimiento general lento; y cómo fomentar la innovación, no solo entre los grandes cerebros de I+D, sino entre todo el mundo. La primera sección de este libro también trata sobre cómo abordar los temas de marketing y finanzas, dos áreas que generan mucho ruido y muchas pasiones y no poca ansiedad, aunque no tendría por qué ser así. Finalmente, «Se trata de jugar» es la sección de *El MBA para la vida real* que habla sobre cómo lidiar con una de las realidades más ineludibles de los negocios en la actualidad: las crisis. A fin de cuentas, prácticamente nadie puede evitar el #ColiseoRomano de la opinión pública a estas alturas.

La segunda parte del libro se titula «Se trata del equipo» y contiene nuestro nuevo modelo de liderazgo, que sencillamente se compone de dos imperativos increíblemente difíciles de poner en práctica pero absolutamente necesarios al mismo tiempo. Además, también hemos descubierto que este modelo posee un tremendo poder para transformar las empresas que lo han adoptado. En esta sección de *El MBA para la vida real* describimos asimismo qué implica crear lo que llamamos un equipo «de 10», centrándonos en el tira y afloja constante que suponen en definitiva la contratación, motivación, desarrollo y retención de tus mejores jugadores. Del modo más realista posible, esta sección termina con un capítulo que habla de gestionar y trabajar con «genios», es decir, gente cuyo trabajo tú no podrías hacer, un fenómeno cada vez más frecuente en un entorno con niveles cada vez más altos de tecnología, inteligencia y conocimiento experto. También se examina la cuestión de cómo gestionar y trabajar con gente que se encuentra físicamente en otro lugar. Existen estimaciones que apuntan a que aproximadamente el 20% de todos los profesionales trabajan a distancia, y la cifra sigue subiendo sin que eso implique necesariamente que se facilite el trabajo o aumente la productividad. Consideramos las prácticas que pueden lograr que sí sea así.

El MBA para la vida real finaliza con una sección titulada «Se trata de ti», que se centra en cómo gestionar la propia carrera profesional. Un capítulo te ayudará a responder a la pregunta «¿Qué debería hacer con mi vida?»; otro examina la cuestión de «¿Cómo salir del purgatorio profesional?», y el último se centra en explorar lo que deberías hacer una vez hayas dado oficialmente por finalizada tu carrera. Seguramente no te sorprenderá que nuestra respuesta no sea precisamente «jubilarte».

Somos conscientes de que la gestión de la carrera profesional no es un ingrediente típico de los programas de los MBA al uso pero, en términos generales, escribimos *El MBA para la vida real* para mostrar lo que la gente del mundo de los negocios piensa, de qué hablan y qué les preocupa en realidad, qué les quita el sueño (y seguramente a ti también), y dónde encuentran la motivación para levantarse por la mañana.

Hacer negocios de manera más inteligente. Hacer negocios bien. Hacer negocios de modo que sea divertido de verdad. Hacer negocios de modo que se crezca y las personas vivan mejor. Hacerlo en equipo. O sea, no en solitario.

Los negocios, insistimos, son un deporte de equipo.

Gracias por habernos incluido en el tuyo.

PARTE I

SE TRATA DE JUGAR

1

Quitarle la parte pesada al juego

Hace unos años hicimos un viaje a Las Vegas. No para jugar, que es algo que no nos va. No. Fuimos a Las Vegas para participar en un evento del International Council of Shopping Centres (la principal asociación del sector de los centros comerciales), que cuenta con unos 60.000 miembros.

Nuestra ponencia era pronto por la mañana, así que llegamos la noche anterior y teníamos la noche libre y, como buenos turistas, decidimos sacar entradas para algún espectáculo. Actuaba una cantante muy famosa, de modo que para allá nos fuimos. A uno de nosotros le encanta y el otro se adapta sin problemas.

Dio comienzo el espectáculo, orquesta de 50 músicos y máquinas de humo de colores incluidas. ¡Menudo montaje!: grandes cardados, baladas potentes, las chicas que hacían los coros flotando por los aires colgadas del techo, una sucesión espectacular de cambios de vestuario...

Y, sin embargo, no había pasado ni una hora y uno de nosotros ya se había dormido.

Cuando se le agitó enérgicamente para que se despertara, esto es lo que dijo: «*¿Qué, cómo va el marcador?*»

Cinco palabras que describen perfectamente a alguien que es un gran aficionado a los deportes; y los negocios.

Negocio y deporte son un poco la misma cosa, ¿no? En ambos casos se trata de actividades intensas y llenas de diversión. Son difíciles. Son rápidas. Consisten en un tira y afloja constante lleno de estrategia, trabajo en equipo, matices y sorpresas.

Y, tanto en los deportes como en los negocios, se juega para ganar.

Un responsable de marca se regodea en las sesiones que tiene con su equipo para elucubrar sobre cómo lanzar un producto que acaban de diseñar los ingenieros y podría ser un verdadero pelotazo de ventas. Tres amigos de la universidad dejan Wall Street para montar una microfábrica de cerveza o lanzar una nueva app. Un director de producción se levanta una mañana con una idea genial en la cabeza sobre cómo incrementar el rendimiento de su planta. Un ejecutivo de Recursos Humanos entrevista a seis candidatos para un puesto que se debería haber cubierto hacía tres semanas y, por fin, uno parece encajar perfectamente.

La gente trabaja todo el día, todos los días, intentando mejorar sus organizaciones y sus vidas. Intentando ayudar a sus familias, a sus empleados y a sus colegas, a sus clientes y a las comunidades en las que operan.

Y, al trabajar, la gente da sentido a sus vidas. No todo el sentido de la vida, claro está. La vida, con su inmensa profundidad y riqueza, sin duda existe fuera del trabajo. Pero el trabajo puede aportar una buena dosis de propósito a nuestras vidas.

Por eso es tan terrible que empresas o equipos se vean atrapados en situaciones de mucho ruido y mucho movimiento, situaciones que en ocasiones hasta se podrían calificar de frenéticas, pero que no significan nada. No significan nada en el sentido de que no generan ningún avance, ningún crecimiento, ninguna ganancia o logro. Ni tan siquiera una oportunidad decente de conseguir nada con todo ese ajetreo.

Eso no es competir. Eso no es divertido. Eso no es hacer negocios.

Eso es simplemente lidiar con la parte pesada del juego.

Ese tipo de dinámica, sin embargo, es muy frecuente. Como ya mencionábamos en la introducción, hemos hablado con alrededor de un millón de personas de todo el mundo desde 2001

—prácticamente siempre en un contexto de sesiones de preguntas—, personas que trabajan en empresas grandes y pequeñas, viejas y nuevas, en la industria pesada, la distribución, el sector del juego o las finanzas. Entre ellos había emprendedores, altos directivos, estudiantes de MBA e individuos interesados en los negocios a título personal. A lo largo de todas estas sesiones, una pregunta que ha surgido con bastante frecuencia ha sido «¿por qué es tan condenadamente difícil conseguir que todo el mundo esté a lo mismo?»; o la gente nos ha descrito un panorama en el que muchas personas no daban la impresión de estar jugando para el mismo equipo y nos han hablado de cómo eso se estaba empezando a notar en los resultados. Más pruebas todavía: seguramente un tercio de los casi 1.000 estudiantes de MBA de nuestra escuela de negocios, la mayoría de los cuales andan entre los treinta y tantos y los cuarenta y tantos y ocupan puestos directivos en buenas empresas, hablan de experimentar algún tipo de sensación de bloqueo en el trabajo.

Menudo lío. Pero resulta que este dilema no solo tiene solución sino que además puede incluso evitarse.

Solo hace falta alineación y liderazgo.

Son igualmente importantes; desde luego afirmaríamos que ninguno de los dos puede darse verdaderamente sin el otro.

Y no hay mejor manera de empezar *El MBA para la vida real* que profundizando en torno a ambos conceptos

TODO ALINEADO, TODO EL TIEMPO

Ni que decir que nos hacemos cargo de que la importancia de alinear todo no será ninguna novedad para la mayoría de la gente que lea este libro. El concepto lleva mucho tiempo ahí fuera, en la estratosfera de la gestión, ensalzado por igual por gurús, catedráticos, expertos y consultores.

El problema es que, en realidad, en empresas de todo tipo, se puede acabar pasando por alto la aplicación (y disciplina) implacable de la alineación.

Resulta que el trabajo —la lista infernal de tareas pendientes— se interpone.

Ya lo pillamos. Se tiene la sensación de que el trabajo debería ser lo primero, sobre todo en un entorno económico que impone tanto como el actual. Un cliente cascarrabias, un empleado que necesita *coaching*, una nueva tecnología de la competencia que te sorprende totalmente fuera de juego, una catástrofe de relaciones públicas que se desata en Twitter... Todo esto puede ocurrir en una jornada de trabajo, en un mismo día.

Pero el hecho es que, si quieres dejar de pasarte la vida lidiando con la parte pesada y tediosa, hace falta alineación antes, durante y después del «trabajo». Tiene que producirse todo el tiempo. Tiene que ser parte del «trabajo» en sí.

Y, claro, todo esto nos lleva a la pregunta de *qué* es exactamente la alineación.

La respuesta es *misión, comportamientos* y *consecuencias*.

La *misión* apunta al destino de la organización, hacia dónde va y por qué; y, para que una misión triunfe, es igualmente importante definir qué significará lograr la misión para las vidas de cada uno de los empleados.

Los *comportamientos* describen eso... comportamientos, las maneras en que los empleados han de pensar, sentir, comunicar y actuar para que la misión sea algo más que unas cuantas frases farragosas en una placa colgada de la pared, donde no hace más que llenarse de polvo y dar pie a comentarios sarcásticos.

Las *consecuencias* le dan consistencia real al sistema. En este caso hablamos de ascensos y bonificaciones (o su ausencia) en base a cómo los empleados acogen y desarrollan la misión, y lo bien que la traducen a sus comportamientos.

Tal vez todos estos elementos te resulten muy evidentes. Como comentábamos, este tema no es ninguna novedad. O igual te pasa precisamente todo lo contrario pues, como también decíamos, la verdadera alineación es poco frecuente.

En cualquier caso, podemos asegurarte una cosa: cuando se produce la alineación se deja de dar vueltas en círculos. Se avanza. Eso pasa cuando se le quita la parte pesada al juego.

ALINEACIÓN EN ACCIÓN

Sin duda, se pueden encontrar casos ilustrativos del poder transformador de la alineación en todos los sectores, pero el que es una verdadera mina de ejemplos es el del capital privado. Piénsalo. Cualquier negocio que interese a una empresa de capital privado (CP) casi por definición estará infravalorado. Lo probable es que adolezca de un mal liderazgo o esté atrapado en un mercado en pleno proceso de cambio; puede que se trate de un negocio familiar sin plan de sucesión o de una división que sencillamente se ha venido ignorando, que su exitosa compañía matriz ha dejado poco menos que huérfana. En estos casos, la organización es confusa y va a trompicones.

Ahora bien, a veces las empresas de capital privado tienen suerte y dan con una joya, la pulen y salen rápidamente con grandes beneficios; o compran un caballo ganador a otra empresa de CP que tiene que venderlo para satisfacer las expectativas de sus inversores. Sin embargo, esos casos son poco frecuentes. En la mayoría de las ocasiones, las empresas de CP adquieren un negocio con problemas y emprenden la ardua tarea de encontrar buenos líderes y, casi siempre, su primer y principal cometido es enderezar la alineación.

Pongamos por caso el conglomerado holandés VNU.

Allá por 2006, VNU cerraba una década de resultados decentes, si bien no espectaculares. En su circular anual, el CEO, Rob van der Bergh, declaraba estar satisfecho con la empresa y describía VNU —propietaria entre otras compañías del *Hollywood Re-*

porter y la empresa de estudios de mercado Nielsen—, como una compañía «sana». Sin embargo, el capital privado vio en ella oportunidades sin explorar y un consorcio de seis empresas se lanzó al abordaje y la compró por 12.000 millones de dólares, contratando al veterano líder empresarial Dave Calhoun como CEO.

Con una trayectoria impecable que lo había colocado en el puesto de vicepresidente de GE con 45 años, Dave poseía experiencia en la gestión de muchos negocios grandes, pero nada como el maremágnum de marcas y productos que se encontró dirigiendo de repente. «Cuando llegué, la misión era "somos líderes del sector de la información sobre mercados" —recuerda Dave—. Eso sonaba muy bien pero, en la práctica, lo que significaba era "haz lo que te parezca en tu feudo". No había ni noción de sentido de conjunto.»

Dave y su equipo se dispusieron a cambiar la situación inmediatamente. Abandonaron la marca VNU y rescataron la de Nielsen como nombre para toda la empresa, y dejaron claro que el propósito coherente que daba su razón de ser a Nielsen —la nueva Nielsen— era medir lo que los consumidores veían y compraban. Nielsen iba a ser la mejor empresa del mundo en lo que se refería a saberlo todo sobre los hábitos de compra y visionado de los consumidores de todo el mundo.

Emocionante, ¿verdad?

Las mejores misiones son siempre así: ambiciosas, inspiradoras y prácticas.

Ambiciosas en el sentido de «¡Vaya, suena increíble, me encanta la idea de intentar llegar hasta ahí!»

Inspiradoras en el sentido de «¡Fantástico! Sé que lo podemos conseguir si nos ponemos a ellos y nos esforzamos».

Prácticas en el sentido de «De acuerdo, suena razonable. Voy a trabajar con mi equipo para lograrlo».

Y aquí viene la guinda: ¿recuerdas que decíamos que las misiones bien forjadas permiten que todos y cada uno de los empleados sepan exactamente lo que ganan ellos? Pues Nielsen lo borda en lo que respecta a ese reto, pues promete crecimiento —crecimiento de producto, de servicios, global— y todas las oportunidades profesionales que el crecimiento trae consigo.

Otro ejemplo rápido y tremendamente ilustrativo del mundo del CP es Nalco, el conglomerado industrial que se vendió en 2007. En 2008, sus nuevos dueños contrataron como CEO a Erik Fyrwald, que heredó 12.000 empleados, 4.000 millones de dólares de ingresos, un potente flujo de caja, un crecimiento prácticamente despreciable y una misión que se podría haber parafraseado como «Nos dedicamos al negocio del agua, y es agradable».

Erik se pasó sus primeros 90 días en el cargo visitando las unidades de negocio de Nalco y sus clientes, se podría decir que buscando la app definitiva —o *killer app* como se suele decir— de la empresa, la forma de desencadenar el cambio y generar ventaja competitiva.

Para su gran sorpresa y deleite, resulta que la encontró en un producto que Nalco había desarrollado seis años atrás, un sistema de optimización del uso del agua llamado 3D TRASAR. Ya habían colocado unas 4.000 unidades en alquiler comercial y Erik enseguida constató que a los clientes les encantaba y le relataban con gran pasión cómo el producto de Nalco permitía ahorrar agua y evitar las multas de la EPA, la Agencia de Protección Ambiental de Estados Unidos, mejor que ningún otro producto.

Erik informó de su descubrimiento a su equipo de liderazgo y, entusiasmados con las perspectivas del 3D TRASAR, decidieron marcarse una meta de 20.000 unidades alquiladas en dos años. Ese ambicioso objetivo, a su vez, impulsó a toda la organización. I+D se centró en mejorar las características del producto, creando 26 patentes con las que dar respuesta a las exigencias de los clientes y ralentizar cualquier intento de imitación por parte de la competencia. El equipo de ventas introdujo nuevas sesiones de formación, objetivos e incentivos. Al mismo tiempo, se montó en la India un nuevo centro de servicio para 3D TRASAR que empleaba a 40 «médicos del agua», ingenieros cuyo cometido era realizar un seguimiento de las unidades por todo el mundo, identificando y resolviendo problemas antes de que los clientes se dieran siquiera cuenta.

Así fue como nació la nueva misión de la empresa: «Suministramos agua limpia a los clientes de Nalco de un modo que permite a nuestros clientes cosechar más éxitos en lo económico y además hace el mundo más sostenible a nivel medioambiental».

¿Logró esa misión aupar a Nalco hasta su objetivo de 20.000 unidades en dos años? Efectivamente.

«De repente la gente sabía por qué venía a trabajar —explica Erik—. Y estaban emocionados ante la perspectiva de ayudar a nuestros clientes a tener éxito de un modo que además contribuyera a salvar el mundo. Eran capaces de visualizar su futuro. No te creerías la cantidad de ideas excelentes que empezaron a surgir.»

Eso es lo fantástico de una buena misión: consigue enfocar y poner en marcha a todo el mundo.

Y ahí es donde empiezan a importar los comportamientos.

Pero que mucho.

Si una misión es el *destino* de la empresa, los comportamientos son su *transporte*, los medios para llegar hasta allí.

Todos sabemos lo que ese tipo de conexión *no* es, ¿verdad? Una empresa suelta una misión que habla de enfocarse en el cliente, por ejemplo, pero en la vida real los empleados de primera línea de fuego odian a los clientes. Bueno, igual odiar es una exageración, simplemente los desprecian porque interfieren con lo que en realidad les gustaría estar haciendo a esos empleados, como, por ejemplo, llegar a casa a las cinco. O una empresa tiene una misión que cacarea mucho sobre la velocidad de llegada al mercado, pero sus directivos tienen… digamos que una tolerancia altísima a la burocracia. O una empresa tiene una misión que se centra en ofrecer innovación pero la gente que manda castiga con descensos en el escalafón o echa a la calle a cualquiera que se arriesgue y fracase.

Nada bien.

Lo que sí está bien es que la alineación de la misión y los comportamientos sean impecables. En una empresa cuya misión gira en torno a centrarse en el cliente, los empleados rezuman empatía. Dan sus números de móvil para estar localizables en horario no laboral. Se ocupan personalmente de las quejas sobre un servicio deficiente. Si de ellos dependiera, se irían a casa con todos los productos y los probarían uno tras otro para asegurarse de que todo funcione perfectamente.

Tal vez estemos exagerando un poco, pero ya se ve por dónde vamos... La misión y los comportamientos tienen que ser dos eslabones de una misma cadena.

Ahora bien, si has leído alguno de nuestros libros o columnas, puede que ahora mismo te estés preguntando por qué estamos usando la palabra «comportamientos» en vez de «valores», pues en definitiva llevamos casi una década utilizando el término «valores» en este mismo contexto. Podría decirse que «valores» era nuestra palabra favorita.

Era. Pero hemos llegado a la conclusión de que «valores» puede ser un término confuso. Es demasiado abstracto. Con demasiada frecuencia, la gente oye «valores» y piensan que se está hablando de política o cultura, como en el caso de los «valores familiares».

No.

Pura y simplemente, estamos hablando de cómo se *comporta* la gente en el trabajo y cómo sus *comportamientos* hacen que la misión de la empresa cobre vida. Así que optamos por «comportamientos» a partir de ahora.

Y, volviendo al tema que nos ocupa, la única razón por la que hablamos de comportamientos en el trabajo es que los líderes tienen que hablar públicamente y sin ambages, siendo muy claros y muy coherentes, sobre qué tipo de comportamientos son necesarios para lograr la misión de la empresa.

Volvamos a la historia de Nielsen. Justo después de que Dave Calhoun anunciara la nueva misión de Nielsen, también hizo públicos los tres comportamientos que harían que cobrara vida. El primero era apertura de miras.

Aquello, para decirlo suavemente, supuso un verdadero cambio. «La gente creía que éramos una empresa de estudios de mercado —explica David—. Y, ¿qué tipo de gente tiene éxito en una empresa de estudios de mercado? Pues gente muy inteligente que ha perfeccionado sus algoritmos y que no quiere que los vea nadie más porque se los podrían robar.

»Pero, para dominar el espacio de "saberlo todo sobre el cliente", íbamos a necesitar gente abierta a recabar los datos que llegaran de todas las fuentes posibles y dispuesta a trabajar con todo el mundo, no solo gente que comprendiera el algoritmo.»

El segundo comportamiento era la pasión por la integración. El crecimiento de Nielsen, en opinión de Dave, dependía de que a su gente le encantara —no gustara, encantara— el proceso de combinar, encajar y sintetizar las investigaciones de mercado considerándolas desde todas las perspectivas, en gran medida gracias a la explosión de los Big Data o megadatos.

El crecimiento también dependía de la capacidad que tuviera Nielsen de dar sentido a toda esta información para sus clientes, así que el tercer comportamiento identificado para impulsar el éxito de Nielsen era la simplicidad.

«El mundo digital es cada vez más abrumador: hay tantos datos ahí fuera que te puedes acabar ahogando», explica Dave. En ese tipo de situaciones, la gente a menudo encuentra la manera de opinar una cosa y la contraria, lo cual complica la vida a todo el mundo. «Si somos capaces de hacerle una recomendación al cliente en términos sencillos y fácilmente comprensibles, y con convicción, siempre ganaremos.» (Y desde luego que ganaron. Durante los seis años que Calhoun fue CEO, la capitalización bursátil de la empresa se triplicó.)

De manera similar, Erik Fyrwald y su equipo de Nalco también establecieron los comportamientos clave necesarios para impulsar la nueva misión de la empresa. El primero era una pasión —a niveles de cruzada— por el ahorro de agua. No una pasión del tipo «¡Ay, mira, eso es... así como chulo!», sino más bien una pasión de las de «¿Te cuento lo que hago en el trabajo? Pues mira, contribuyo a salvar el mundo a través de la conservación del agua». «Queríamos que la gente se emocionase de verdad cuando encendieran el ordenador por las mañanas y vieran sus contadores», explica Erik. Y con eso se refiere a que en la intranet de Nalco los contadores mostraban continuamente el ahorro de agua acumulado de la empresa y de cada cliente.

El segundo comportamiento era tener hambre de crecimiento. Y no crecimiento de un dígito, ¿eh? Erik estableció que la misión de Nalco requería yonquis del crecimiento, gente que viera las oportunidades en clientes que en el pasado se había considerado que estaban fuera del alcance de la empresa, y en mercados ante los que todos los demás se asustaban. En 2009, cuando la mayoría de las empresas del sector de Nalco estaban dando marcha atrás en China, preocupados por la desaceleración de la economía, Nalco contrató a un líder con experiencia probada en conseguir crecimiento para que se hiciera cargo de Asia. Y, además, trasladó la sede de la empresa, que estaba en el cómodo Singapur, para establecerla en un edificio que se construyeron en Shanghái y que completaron con un centro de formación de clientes y empleados, un centro tecnológico e instalaciones dedicadas a marketing y ventas. Los niveles de empleo se dispararon, pasando de 200 a 800, y un mayor compromiso por parte de Nalco se tradujo en poder contratar a candidatos excelentes, ingenieros chinos que deseaban mejorar el medio ambiente y la productividad de la industria pesada a través del tratamiento de aguas.

Más o menos por aquel entonces, Nalco también estableció su unidad dedicada al petróleo y el gas, aplicando una agresiva estrategia de crecimiento en el campo de las aplicaciones químicas relacionadas con el agua. (Para conseguir un barril de petróleo también hace falta trabajar con cuatro barriles de agua que hay que separar, limpiar y devolver al medio ambiente de manera segura. La empresa consiguió ampliar rápidamente el negocio hacia clientes que hacían prospecciones en alta mar en el Golfo de México, y también logró moverse con mucho acierto para forjar nuevas y productivas relaciones comerciales con clientes más alejados de lugares como Siberia, Kazajistán, Azerbaiyán, Nigeria, Angola y Malasia. «Nuestro líder de proyecto para el sector del petróleo y el gas era un modelo inmejorable de espíritu emprendedor y búsqueda del crecimiento —comenta Erik—, y además logró que todo su equipo experimentara lo mismo.»

Claramente, su ejemplo y el de otros muchos creyentes en el proyecto dentro de la organización se dejó sentir. Para 2010, los ingresos y beneficios de Nalco estaban creciendo a ritmo de dos dígitos.

DESCENDER AL TERRENO DE LO REAL Y LAS CONSECUENCIAS

Una vez la misión y los comportamientos están definidos, lo último que hace falta para que haya alineación es el componente del sistema que llamamos «consecuencias». Tal vez suene muy punitivo pero no lo es. Obviamente, las consecuencias pueden ser negativas, como por ejemplo descensos en el escalafón o incluso despidos. Pero son mucho más frecuentes las situaciones en las que las consecuencias son positivas, como subidas de sueldo o bonificaciones. En cualquier caso, el mensaje que queremos transmitir es el mismo: puedes sermonear y desgañitarte todo lo que quieras sobre la visión y los comportamientos, pero si no hay mecanismos organizativos que los refuercen, serás como aquel árbol del proverbio, que cayó en el bosque.

Nadie te oye.

Ahora bien, el mecanismo de consecuencias *negativas* que más se conoce, obviamente, es echar a la gente. La mayoría de los líderes odian usar esta herramienta y así debería ser si son seres humanos normales pero, a veces, cuando hay una desconexión evidente con la misión o los comportamientos, es necesario y lo mejor para ambas partes.

Dave Calhoun, por ejemplo, tuvo que despedir a un miembro muy popular de la vieja guardia de VNU que no creía que la empresa pudiera o debiera integrarse. ¿Le resultó agradable? Por supuesto que no, pero hizo lo correcto, convirtiendo la salida de ese ejecutivo en un momento de aprendizaje. En vez de decir «Fulano se ha jubilado para pasar más tiempo con la familia», mencionó la decisión abiertamente y en público durante la reunión anual de Nielsen. «Tenía que dejar claro qué comportamientos eran inaceptables y cuáles se recompensaban», dijo.

De manera parecida, a lo largo del proceso que clarificaba la relación entre misión y comportamientos en Nalco, Erik Fyrwald tuvo que lidiar con un ejército de opositores que se resistían. «Eso ya se ha intentado y aquí en Nalco no funciona» era una frase recurrente. Una vez más, no le quedó más remedio que pedir a muchos líderes del nivel más alto que siguieran su camino fuera de la empresa: sustituyó a más de la mitad de los 100 directivos principales con candidatos internos y externos. Al igual que para Dave Calhoun, esta no fue precisamente la parte favorita de la recuperación de la empresa para Erik, pero el entrenador no puede andar a mitad de partido rogándoles a jugadores convertidos en opositores acérrimos que se sumen al juego.

A lo que vamos: en lo que se refiere a si los comportamientos importan (y cuáles), mover ficha a nivel de personal es mucho más elocuente que un centenar de discursos.

Ni que decir que los movimientos de personal también pueden ser del tipo que se considera una consecuencia enteramente positiva del proceso de alineación. Los ascensos de las personas que viven la misión y los comportamientos envían un mensaje clarísimo y suponen una gran fuente de refuerzo motivador para toda la organización. Lo mismo puede decirse de las bonificaciones desproporcionadamente buenas. El dinero habla. Cuándo no.

No obstante, por lo general, la cuestión de las consecuencias de la alineación sencillamente depende de si se tiene o no montado un buen sistema de evaluación y recompensa.

No tiene por qué ser un sistema complicado ni caro. Sencillamente tiene que llegar —*debe* llegar— a todos los empleados tan a menudo como sea posible, y como mínimo dos veces al año, con conversaciones en las que su jefe les diga con toda sinceridad cuál es su situación.

Mira, así es como nos estás ayudando a lograr la misión, y esto es lo que podrías hacer mejor.

Así es como estás exhibiendo los comportamientos que necesitamos y esto es lo que podrías hacer mejor.

Y, por fin: *Así es como tu salario y tu bonificación y tu futuro reflejan todo lo que acabamos de comentar.*

Tan sencillo como eso. A esto se reduce la cuestión de la alineación en relación a las consecuencias. ¿Suena muy difícil?

No mucho. Y, sin embargo, ya sabes con qué frecuencia se da en la vida real: con suerte, entre un 10 % y un 20 % de la gente que viene a nuestras charlas levanta la mano cuando preguntamos: «¿Cuántos de vosotros sabéis cuál es vuestra situación en la organización para la que trabajáis?» Algunos de nuestros propios hijos —veinteañeros ya— y sus amigos trabajan para empresas de prestigio y nunca han tenido una sesión de evaluación de su rendimiento. Una chica se sorprendió muy gratamente al recibir la nómina del mes y ver que le habían subido el sueldo, y tuvo que preguntar a su jefe por qué. Este la informó de que el aumento era por «méritos». Punto.

Nos entran ganas de chillar. (Y, por cierto, conste que a ella también le entraron ganas de chillar.)

Hay tantas oportunidades que se pierden pese a que están ahí, esperando a que alguien las aproveche y las convierta en éxitos. Clarifica la misión, pon nombre a los comportamientos, y luego mide el rendimiento y recompensa a la gente en base a lo bien que apliquen ambos.

Son tan solo unas cuantas tareas pero no resultan nada fáciles. Nadie dijo que lo fueran. Aunque, ¿sabes?, la alineación tampoco es neurocirugía precisamente. Es una pena que muchos líderes la eviten como si fuera igual de difícil, porque nunca tendrán una organización verdaderamente sana sin ella.

TÁCTICAS, A PARTIR DE HOY MISMO

Bueno, conozcamos ahora al artífice de la alineación: el liderazgo.

Tal y como comentábamos antes, el liderazgo es fundamental para impulsar el tipo de alineación que elimina la parte pesada y tediosa del trabajo. Puedes cambiarle las cuatro ruedas al coche pero, ¿de qué te sirve si no tienes quien lo conduzca? El hecho es que, en la mayoría de los casos, un liderazgo nuevo es completamente inseparable de la creación e instauración de la misión, comportamientos y consecuencias de la organización. Van de la mano porque así debe ser.

Más adelante, en este mismo libro, dedicaremos un capítulo entero al liderazgo. Es más, en ese capítulo presentaremos un nuevo modelo holístico que hemos desarrollado en base a toda nuestra experiencia y observaciones, uno que define el liderazgo como la incansable búsqueda de la verdad y el incesante fomento de la confianza.

Pero, por el momento, en el contexto de eliminar la parte pesada y tediosa del juego, hablemos de unas cuantas *tácticas* clave basadas en la verdad y la confianza y, más concretamente, hablemos de cinco pasos de acción inmediata. Porque, si tu organización está languideciendo al nivel que sea, o caminando en círculos o de algún otro modo no dando rienda suelta a todo su potencial, tienes que empezar por arreglar ese problema, y no la semana que viene ni la otra, ni siquiera mañana.

Tienes que empezar hoy mismo. A continuación te contamos cómo.

Lo primero, ponte en el lugar de la gente

¿Hay algo peor que un jefe pomposo y engreído que se pasea arriba y abajo como un mariscal de campo, ladrando órdenes a su ayudante, comportándose como si su trabajo consistiera única y exclusivamente en presidir reuniones con sus subordinados o prepararse las que tenga con sus superiores? Este tipo de esnob entrometido con superoficina era muy abundante en los viejos tiempos, vamos, cuando la avenida Madison (donde se concentraban las grandes agencias de publicidad y Detroit (antiguo centro de la industria automovilística) eran el ombligo del mundo. Había una legión de este tipo de jefe en aquellos tiempos, tipos que solo abandonaban las comodidades de sus despachos para salir a comer (juntos). Lo lógico sería que hubieran desaparecido a estas alturas, ¿verdad? Pues, por desgracia, nada más lejos de la realidad. Hemos visto cantidades ingentes de estos en la última década, tantos como siempre, solo que ahora han añadido el truquito de esconderse detrás de la tecnología.

Metemos también en este saco de personajes horribles al superior timorato, tan apático y de vuelta de todo en el trabajo que uno se pregunta por qué se molesta en aparecer todas las mañanas.

Es de locos. Si quieres poner en marcha todas las cosas buenas que trae la alineación, no te queda otra que mover el trasero y plantarte en primera línea para conocer y cuidar realmente a tu gente a título individual. De hecho, los líderes buenos de verdad son como entrenadores que se recorren la banda de arriba abajo mil veces durante el partido, saltando y gesticulando como locos porque no pueden contener la emoción de lo que está pasando con el equipo en la cancha, que abrazan a los jugadores cuando salen del campo sin importarles el sudor, y que saben qué es lo que motiva a cada uno de ellos.

Llevemos la comparación incluso un poco más lejos. Los mejores líderes, en realidad, son aquellos a los que les importa más el equipo que ellos mismos. Este concepto nos recuerda una entrevista maravillosa a Don Knauss, el por entonces CEO de Clorox, que se publicó en el *New York Times* hace poco. En ella, Don cuenta que con veintitantos años fue teniente del Marine Corps y estuvo destinado en Hawái. «Un día — según relata— llevaba en pie desde las cinco de la mañana y me moría de hambre. Así que al llegar al comedor (a mediodía) me planté al principio de la cola... En esto que un sargento de artillería me agarra por el hombro, así que me doy la vuelta y me dice: "Mi teniente, la tropa, siempre come primero. Los oficiales lo hacen después". A lo cual yo le respondí: "Vale, lo he entendido... Se trata de la tropa, no de ti".»

¡Qué buena historia! Los grandes líderes generan confianza y credibilidad con palabras y con hechos que demuestren, una y otra vez, en lo grande y en lo pequeño, que respetan y honran a su gente.

¿Puede resultar agotador? En ocasiones sí, sobre todo si es de verdad, y no podría ser de otro modo. Pero, si quieres que tu equipo gane, esto te debería sonar bien. Te debería sonar a lo que haces siempre.

En segundo lugar, piensa en ti mismo como el Director de Sentido

¿Con cuánta frecuencia crees que hablaron Dave Calhoun o Erik Fyrwald de misión o comportamientos durante sus primeros 18 meses al mando? ¿Todos los días? Más bien en todas y cada una de las conversaciones que mantuvieron, en sentido ascendente y descendente en el escalafón, por todas partes. Ese tipo de sobrecomunicación es fundamental, y no solo en el momento de lanzar un proceso de cambio. Es esencial en todo momento.

Los líderes existen, en gran medida, para dar sentido —propósito— a sus equipos; para, de manera incansable, apasionadamente, explicar: «Vamos hacia allí. Por tal y tal motivo. Así es como vamos a llegar. Así es como encajas tú. Y esto es lo que vas a ganar con todo esto».

¡Ah, y recuerda!: cuando acabes de explicar todo eso, lo vuelves a explicar desde el principio.

Ten en cuenta que tu gente se pasa más de 40 horas a la semana trabajando. Si no los ayudas a encontrarle un sentido a esa inversión tan fuerte, estás malgastando su tiempo y sus vidas. No queremos echarte la bronca y... sí, ya sabemos que este aspecto del liderazgo es abrumador. ¿A quién le gusta repetirse hasta la saciedad? Exactamente: a nadie. Pero es un ingrediente esencial de la tarea de involucrar a tu gente y cuidarlos, exactamente igual que ocurre con cualquier relación de verdad.

Y una cosa más: el jefe no es el único que tiene que ser Director de Sentido. Sea cual sea el tamaño de la empresa, es responsabilidad de todos los directivos —desde lo más alto hasta el nivel de jefe de equipo— crear contexto y propósito. Piensa en lo potente que puede ser. Piensa en la alineación que genera.

En tercer lugar, elimina los obstáculos del camino de tu gente

¿Has visto alguna vez imágenes del deporte olímpico llamado *curling*? Con el debido respeto a los atletas que han dedicado su vida a este deporte, resulta un tanto curioso, admitámoslo. Un jugador empuja una roca de granito por el hielo hacia la meta mientras que otros tres van por delante, barriendo frenéticamente la superficie con unos cepillos hechos de hojas de maíz. Esos jugadores, los que van allanando el camino para que la piedra avance con velocidad y precisión hacia su destino, hacen lo que hacen los líderes: frotan frenéticamente la pista para eliminar cualquier cosa que se interponga en la trayectoria de la piedra hacia la meta.

¿Cómo qué? Bueno, pues como el papeleo y la burocracia endémicos en tantas organizaciones. A menudo, las normas y las reglas existen puramente para dar trabajo a la gente que se encarga de garantizar que se cumplan las normas y las reglas. No estamos hablando de las pautas que hay que seguir en atención a la ley o la seguridad. Hablamos de las minucias que impiden el progreso. Del director financiero que dice que se dará a todo el mundo un aumento del 2% porque ha sido un año duro, independientemente de los resultados. Del director de tecnologías de la información que tiene más interés en los procesos que en la innovación, o en la recolección de datos que en el análisis de estos. Del abogado de empresa a quien siempre se le ocurre un motivo por el que prácticamente nada se puede hacer.

El cometido del líder es barrer ese tipo de porquería.

Y, ya que estamos, barrer a esas personas que hay en todos los equipos: los que bloquean la acción, los que se resisten al cambio, los obsesionados con los procesos. «Aquí no hacemos así las cosas.» «Antes no era así.» En ocasiones se pueden tolerar un par de personajes de este tipo. A veces. Lo que aportan es memoria institucional, sirven de contrapunto si hay una fuerte cultura de la aquiescencia, algo que nunca es deseable. Pero, en la mayoría de los casos, estas personas no son más que gruñones autoerigidos en poseedores de la verdad que chupan energía y te hacen perder el tiempo. Los buenos líderes saben reconocer la diferencia y usar su cepillo de manera eficaz como buena prueba de ello.

En cuarto lugar, muestra con alegría el «gen de la generosidad»

Correspondería a un científico determinar si verdaderamente existe un marcador de ADN para la generosidad o si más bien se trata de un comportamiento aprendido, pero para nosotros lo mismo da. Lo que sabemos es que los mejores líderes, los más eficaces y los que más admiración despiertan, comparten una característica bien marcada: les encanta dar aumentos de sueldo. Les apasiona ver cómo sus empleados crecen y ascienden. Celebran los logros de su gente de todos los modos posibles: con dinero, con más responsabilidad y con reconocimiento público. Es algo que les pone. Por ejemplo: conocemos el caso de un directivo que llevaba semanas colaborando estrechamente con una empleada en un proyecto. Y las cosas no iban bien; incluso tras horas de *coaching*, la empleada no era capaz de trabajar como el directivo le pedía. Y entonces, una mañana, la empleada se presentó en el trabajo arrastrando los pies e informó a su jefe: «Me he pasado la noche en vela, mira el correo que te he mandado». Así lo hizo él y, como documento adjunto al correo electrónico que le había enviado, se encontró el proyecto perfectamente terminado. El jefe salió apresuradamente de su despacho gritando entusiasmado «¡Lo has conseguido! ¡Lo has conseguido!» delante de todo el mundo. Ese tipo de generosidad auténtica y sin barreras por parte de los líderes consigue que su gente se sienta muy bien consigo misma y haga grandes cosas por el equipo y por los clientes.

A veces la gente nos pregunta cuál es la prevalencia del gen de la generosidad. Es complicado. Nosotros lo hemos visto personalmente, pero claro, hemos trabajado en y con empresas excelentes, que tienden a atraer, hacer posible y recompensar este tipo de comportamiento de liderazgo. A título más general, diríamos que seguramente no es tan frecuente. Hay demasiados líderes a los que les cuesta dar aumentos de sueldo y ascensos; son tacaños, ya sea por naturaleza o por aprendizaje, tanto a nivel financiero como emocional. A menudo esconden a sus mejores empleados para mejorar la impresión que dan ellos. Por ejemplo, tenemos una amiga que, frustrada con la lentitud a la que avanzaba su carrera, acabó marchándose de la gran empresa de medios para la que trabajaba. Y solo cuando tuvo su entrevista final con Recursos Humanos se enteró de que su jefe la consideraba una empleada con «un potencial increíblemente alto». El jefe no la criticaba, pero tampoco expresaba su opinión positiva. «Creo que no me hizo ni un solo comentario positivo jamás —nos comentó ella—. Y, cuando me subieron el sueldo, nadie me dio la menor explicación. Ni siquiera supe que había sido el mayor aumento de sueldo de la historia de la empresa hasta que Recursos Humanos me lo dijo en la entrevista de salida.»

Podría ser que la experiencia de nuestra amiga sea la tónica general. Confiamos en que no, porque no hay nada que fomente el rendimiento y el compromiso como dar rienda suelta a la generosidad de corazón —y de cartera— de un buen líder.

Y, en quinto lugar, asegúrate de que trabajar sea divertido

Podemos dejarnos llevar por la exasperación por un instante y preguntar: «¿Qué le pasa a la gente con el tema de divertirse en el trabajo? En serio, ¿qué les pasa? O sea, ¿por qué tantos —demasiados— asumen que el trabajo es solo trabajo cuando es difícil, duro, aburrido o directamente desagradable?»

Nos saca de quicio.

El trabajo no es algo a lo que te dedicas en espera de vivir tu vida. El trabajo *es* la vida. Tal vez no toda tu vida, como ya hemos apuntado, pero sí gran parte de ella. Y, por ese motivo, si eres un líder, sería terrible que permitieras que un lugar de trabajo se convierta en un bastión de «silenciosa desesperación», citando a Henry David Thoreau. Por no hablar de lo perjudicial que resultaría para la productividad y los resultados (que lo es).

¡Eh! La diversión es algo estupendo. Es sana e infunde energía, tanto a los individuos como a las organizaciones. Nos apostamos lo que quieras a que el 99,9 % de todos los directivos y jefes estarían de acuerdo. En abstracto. Pero luego unos cuantos —demasiados, insistimos— llegan a la oficina y eliminan todo atisbo de diversión. Algunos lo hacen con su negatividad, su falta de honestidad o sus politiqueos. Otros lo hacen porque creen que la diversión no es seria y el trabajo tiene que ser serio. Y otros sencillamente lo hacen porque no se dan cuenta de que la diversión es su responsabilidad.

Pues lo es. Tu gente te da sus días (y a veces sus noches). Te dan sus manos, cerebros y corazones. Claro que la empresa les paga; les llena la cartera. Pero, como líder, necesitas llenarles el alma. Y eso se consigue poniéndote en su lugar y dándole sentido a su trabajo, eliminando los obstáculos y dando muestras de que tienes el gen de la generosidad. Y, tal vez, la manera más potente en la que lo puedes hacer es creando un entorno emocionante y agradable.

¿Cómo? Las opciones son numerosas y muchas resultan maravillosamente fáciles. Celebra los hitos y las metas volantes, los pequeños éxitos. Da muestras de sinceridad y sentido del humor en todo lo que hagas. Deja que las personas sean ellas mismas. Corta de raíz los comportamientos burocráticos cada vez que asomen la cabeza. Destierra a los imbéciles. Sugiere planes para que hagáis cosas todos juntos fuera de la oficina. El que dijo que jefes y empleados no deben ser amigos estaba loco. ¿Por qué no ibas a querer ser amigo de la gente con la que te pasas todo el día?

A ver, ya sabemos que en el trabajo hay momentos de tensión y dificultad también; por supuesto. Pero un líder no puede permitir que ese sea el statu quo. Incluso en los momentos difíciles, el trabajo debe ser un sitio donde la gente quiera estar. Y lograr que así sea es parte de lo que hacen los líderes.

Al principio de este capítulo comentábamos que el capital privado ofrece todo un repertorio de ejemplos sobre cómo pueden las empresas escapar de la difusa tierra de nadie a través de la potencia combinada de la alineación y el liderazgo.

Pero, seamos claros: estas mismas herramientas valen para

aplicarse a la transformación de compañías que hacen aguas o de departamentos de todo tipo de negocios, desde un restaurante familiar hasta un gigante mundial de la tecnología. El estancamiento es muy común porque la gente es humana, y sus organizaciones pagan el pato.

No vamos a argumentar que quitar la parte pesada y tediosa del trabajo sea la panacea. No lo es. Pero desde luego es factible y seguramente se puede hacer más rápidamente de lo que te imaginas.

Alineación y liderazgo: combínalos y estarás listo para saltar al terreno de juego.

2

Que te tumben... y levantarte

El otro día, uno de nosotros (no el que se quedó dormido duran-te el concierto en Las Vegas, ¿vale?) estaba en el garaje buscando su palo de golf favorito; con poca esperanza, la verdad, porque nuestro garaje es algo así como el lugar donde las cajas van a morir.

Pero, sorprendentemente, resultó que en una de esas cajas es-taba el palo perdido. Y, al segundo siguiente de haberlo encontra-do, quien lo buscaba se incorporó para darse un cabezazo en toda regla con una estantería atornillada a la pared justo encima.

El «¡ay!» —tal vez no fue un «¡ay!» sino algo más contunden-te— se oyó por toda la manzana.

A ver, los golpes duelen un montón: en primer lugar, con el dolor se pueden llegar a «ver las estrellas» de verdad; y además también está la sorpresa. «¿Cómo demonios —te preguntas— me las he ingeniado para darme semejante golpe?»

Es después, por lo general mucho después de que el chichón ha desaparecido, cuando llegas a una conclusión del tipo: «¿Sa-bes?, el hecho es que aquel golpazo me enseñó algo. No me volve-rá a pasar».

En los negocios se encajan muchos golpes.

Uno de tus clientes más importantes aprovecha la reunión de seguimiento que tenéis todos los meses para echarte en medio de una letanía de improperios. El nuevo producto que se suponía que tenía que vender a un ritmo de 1.000 unidades por semana no llega a las 500, o a las 250, o a las 10. Tu principal competidor compra a tu segundo principal competidor y empieza a echarles el lazo a tus clientes más importantes con la potente fuerza de ventas resultante de la compra. Te enteras de que, en un par de semanas, tu principal socio digital va a «jubilar» el canal de marketing que considerabas tu arma secreta. Un caso de mal servicio a un cliente en una de tus tiendas acaba convirtiéndose en una tormenta en toda regla en Twitter.

Y luego están los golpes que son más bien una paliza: el mercado al que te diriges se hunde por un cambio regulatorio, o un fenómeno natural, o una tecnología disruptiva que sin más ni más aniquila tu sector; o llega una imponente recesión de las que dicen que se producen «cada ochenta años».

¡Sorpresa!

Sorpresa, a veces. En Silicon Valley, las «disrupciones» o perturbaciones desastrosas y súbitas son el pan nuestro de cada día, incluso han acuñado un acrónimo para describirlas, WFIO (*"We're F…, It's Over"*, o sea: «Estamos jod…, fin de la partida»). Los negocios tecnológicos, casi por naturaleza, son como imanes que atraen las tundas.

En cambio, a veces, las palizas pueden surgir de la nada o producirse sin previo aviso. Piensa en los negocios de Nueva Orleans que se llevó por delante el huracán *Katrina* de 2005, o el huracán (apodado «supertormenta») *Sandy* de 2012.

Ahora bien, son desastres —literales— y no ocurren con tanta frecuencia. Mucho más a menudo, lo que sucede es que nos tumban de un guantazo porque nuestra organización no estaba preparada; no lo vimos venir. Una amenaza competitiva, un cambio de cultura, una nueva tecnología, la lista sigue y sigue. Tal y como lo explica el CEO de Google, Larry Page, en su charla TED de 2014: «El principal motivo de fracaso en las empresas, en mi opinión, es que se les escapó el futuro».

Mira, identificar *por qué* le han zurrado a tu organización no es tan importante en lo que a este libro respecta. Ha ocurrido algo que no es bueno. Este capítulo se centra en la reparación, en arreglar las cosas de manera que la organización vuelva a su ser lo más rápidamente posible y, en el mejor de los casos, funcionando de un modo que haga mucho menos probable que te vuelvan a noquear.

En ese sentido, tenemos seis consejos para recuperarte cuando te tumben que vamos a explicar y explorar en las páginas que siguen a continuación:

1. Asume el golpe.

2. Aférrate con uñas y dientes a la mejor gente que tengas.

3. Ponte en plan maniático con los costes, el rendimiento y el crecimiento, utilizando los datos como guía.

4. Reinventa tu proceso estratégico.

5. Contrasta con la realidad tu arquitectura social.

6. Preocúpate de una manera más productiva.

¿Preparado? Genial. Porque nos encanta hablar de estas tácticas. Vienen de empresas en pleno proceso de recuperación, aunque nosotros incluso llegaríamos a decir que de *todas* las empresas, las hayan tumbado o no. Cualquier entrenador te dirá que la mejor defensa es un buen ataque. Y lo mismo vale para el juego de los negocios.

CÓDIGO (CASI) AZUL

Si los datos de taquilla de Hollywood son un indicador de algo, parece que a todo el mundo le encantan las historias de terror. *Ver* una buena historia de terror, deberíamos puntualizar, porque vivirla ya es otra historia.

No tienes más que preguntar a Joe DeAngelo y su equipo de HD Supply (HDS). Esta empresa con sede en California echó a andar en 1975 como distribuidora de la empresa del sector del mantenimiento de edificios Maintenance Warehouse. Para 1997, había crecido considerablemente y Home Depot, tras haber detectado toda una serie de sinergias de productos, se la compró, estableciéndola como una división propia e invirtiendo grandes sumas en la tramitación de pedidos en línea y la logística. Los clientes de HDS siguieron estando altamente fragmentados (fontaneros, contratistas de obras de todo tipo, responsables de mantenimiento de bloques de apartamentos, gestores de instalaciones y gremios parecidos). Esa fragmentación no planteó el menor problema mientras duró el auge del mercado inmobiliario y HDS disfrutó de un largo periodo de éxito que duró varias décadas. (Sus ingresos de 2005, por ejemplo, se situaron en torno a los 12.000 millones de dólares, con un beneficio consolidado antes de impuestos y amortizaciones, es decir, un EBITDA, de aproximadamente 1.000 millones.)

Pero entonces, en 2008, HDS sufrió dos «duros golpes» como los llama Joe. El primero fue que la prolongada y excesiva burbuja del mercado inmobiliario residencial por fin explotó. Esto supuso un serio revés para HDS, claro está, pero la empresa fue capaz de virar hacia su segundo mercado más importante, el del sector inmobiliario comercial, que suele ir en dirección opuesta al ciclo económico. Al cabo de unos meses, sin embargo, todo el sector de la construcción se fue al garete con la recesión y los ingresos de HDS acabaron cayendo un 40%. Simplemente para mantenerse a flote, la empresa tuvo que despedir a 12.000 de sus 26.000 empleados, vender tres unidades de negocio y cerrar un tercio de las sucursales.

Y, para empeorar aún más las cosas, todo esto ocurría justo en un momento en que HDS ya se encontraba en una situación financiera precaria. No hacía mucho que Home Depot la había vendido a un fondo de capital privado y estaba seriamente endeudada.

Desde luego, pese a todo lo que puede ayudar el capital privado a la hora de rescatar y realinear empresas, este es uno de los mayores inconvenientes del sector: en un primer momento, las adquisiciones suelen tener un flujo de caja limitado y unos balances fuertemente apalancados.

«Desde fuera, todo el mundo pensó que estábamos acabados —comenta Joe recordando el 2008—. Simplemente estaban esperando al certificado de defunción.»

Pero este no llegaba porque, de hecho, a pesar de que la historia de HDS es la de una compañía noqueada hasta acabar en las últimas e incluso más allá, la respuesta de la empresa es un gran ejemplo de aplicación práctica de nuestros cuatro primeros consejos.

Asume el golpe

Si alguna vez has trabajado en una organización que ha encajado un golpe fuerte, ya conoces todos los comportamientos que empiezan a aparecer de inmediato. La gente haciendo grupitos a puerta cerrada, cuchicheos sobre quién «va a caer», los jefes escabulléndose entre una reunión y la siguiente, cargados con montañas de papeles y una expresión preocupada en el rostro, evitando mirar a la gente a los ojos; y, en la cantina a la hora de comer, miedo y desconfianza generalizados. Se produce tal parálisis interna que, básicamente, las principales ocupaciones de todo el mundo pasan a ser cotillear y mandar el currículum a todas partes.

Este tipo de respuesta ante los problemas es natural, porque el instinto de supervivencia es natural. Pero también se trata de una profecía que se cumple a fuerza de anunciarse. La gente distraída, asustada y deprimida es incapaz de arreglar nada.

En cambio, en HDS dieron al traste con toda esa dinámica. No cayeron en negar la realidad y, lo que es más importante si cabe, tampoco echaron la culpa a otro ni se hicieron las víctimas. Comentarios del tipo «los de finanzas tenían que haber anticipado esto» o «no me puedo creer que nos haya pasado algo así a nosotros, no nos lo merecemos» quedaron terminantemente prohibidas. ¿De qué servían? En cambio, los líderes de HDS en bloque adoptaron una actitud tipo «esto lo vamos a solucionar» y recompensaron a los que seguían su ejemplo.

Esa actitud se logró, en primer lugar, invocando constantemente la misión y comportamientos de la empresa. Joe lo explica así: «Teníamos que lograr que 14.000 personas remaran en la misma dirección. Nuestra misión eran trece palabras: "Un equipo que impulsa el éxito del cliente y la creación de valor". La repetíamos constantemente». Al mismo tiempo, los comportamientos de la organización se comunicaban a través del acrónimo SPIRIT —servicio, *performance* [rendimiento], integridad, respeto, innovación y trabajo en equipo— y se reforzaban con pequeñas recompensas espontáneas en metálico para la gente que los ponía en práctica y, lo más importante, esa especie de condecoraciones por méritos en el campo de batalla se celebraban abiertamente.

También hay una parte de teatralidad en toda la cuestión de asumir el golpe. Elige la manera que te parezca mejor para marcar el relanzamiento de la organización —un evento fuera de la oficina para fomentar el espíritu de equipo, una charla de un ponente que inspire—, hay miles de opciones, sé todo lo creativo que quieras. En HDS, Joe eligió montar algo así como un equipo de operaciones especiales para estudiar los atributos particulares que compartían los campeones más famosos de la historia —George Washington, Mohamed Alí, el purasangre *Secretariat* entre otros—, y los descubrimientos del equipo —trabajo incansable, una actitud que considera la derrota imposible y pasión por ser el mejor de los mejores— se estuvieron pregonando e invocando en todas las reuniones de empresa durante dos años. «Hablábamos mucho de los hallazgos del proyecto de los campeones —explica Joe—. *Secretariat* había ganado por treinta y un cuerpos y usábamos ese ejemplo constantemente para reconfigurar la mentalidad de la gente. Queríamos que todo el mundo se preguntara: "¿Contratar a esa persona nos ayudará a ganar por treinta y un cuerpos?" ¿Ir a esa conferencia nos ayudará a ganar por treinta y un cuerpos?"»

El proyecto de los campeones, según Joe, «verdaderamente nos ayudó a poner freno a la autocompasión, porque consistía en todo lo contrario, en celebrar cómo íbamos a mejorar, y todo empezaba con una idea de lo más edificante: perder no era una opción».

Aférrate con uñas y dientes a la mejor gente que tengas

Con demasiada frecuencia, cuando una empresa tiene problemas sus líderes tienen la reacción instintiva de echar a gente sin pararse a considerar el rendimiento. A menudo este tipo de acción a lo loco se da porque la empresa no tiene montado un sistema de evaluación del rendimiento y, deseosos de mostrar al consejo lo rápidamente que han reaccionado y con cuánta determinación, los integrantes del equipo de liderazgo optan por lo fácil y ordenan a todos los directivos que echen cada uno al 10% de su equipo o bajen los salarios de todo el mundo un 10%. De manera similar, ofrecen un paquete de indemnizaciones a cambio de un despido pactado a todo el que lo acepte y, obviamente, con demasiada frecuencia, la gente con más experiencia y mejores sueldos suele aprovechar para cobrar y largarse, ya que son los que consiguen las mejores condiciones de despido y además tienen más oportunidades de colocarse en otro sitio.

Dejémonos de rodeos: este tipo de comportamiento es el epítome del liderazgo débil, cobarde y desmoralizante. ¿Por qué demonios ibas a querer incentivar a la mejor gente que tienes para que se marchen, a riesgo de desencadenar un éxodo masivo de talento?

Salir de un agujero ya es difícil de por sí, y no lo vas a conseguir nunca sin tu mejor gente. Por eso, cuando llegan los tiempos difíciles, tienes que hacer algo que va en contra de lo que dicta la intuición y que incluso requiere valor, que es pagar a los mejores *más* —tanto en salario actual como en participación a largo plazo en beneficios en base a resultados—, llegando incluso a pecar por exceso mejor que por defecto.

Decimos que hace falta valor porque, en los momentos más difíciles, cuando le vas con semejante idea al jefe o en algunos casos al consejo, puedes tener la sensación de estar caminando directo hacia las aspas de un helicóptero en marcha. El jefe se suele paralizar y al consejo le suele preocupar la imagen que se derive de todo ello. Hacen falta agallas para decir: «Vamos a comparar el bochorno del ruido que generen estos pagos con el dolor de la bancarrota, ¿os parece?»

Lo dicho: hacen falta agallas. Desde luego, agallas y algo más. Si hay un momento en el que de verdad hace falta echar mano del gen de la generosidad del que hablamos en el capítulo anterior, es ahora. En los momentos difíciles, tu mejor gente se convierte en tus mejores modelos. «Si Sam y Sarah se quedan —pensarán otros empleados—, la cosa no puede estar tan mal y seguro que mejorará. Yo me quedo.»

O, dicho de otra manera: tu mejor gente es tu mejor esperanza de sobrevivir. Y de éxito. Haz lo que haga falta para no perderlos.

Ponte en plan maniático con los motores del rendimiento

Si cuentas con las personas adecuadas, puedes pasar a la otra vertiente de la recuperación cuando te tumban de un golpe, o sea, a buscar meticulosamente formas de mejorar todos y cada uno de los aspectos de tu negocio.

¿Meticulosamente? A ver, que eso no quiere decir lentamente. Significa con inteligencia y deliberadamente y, para ser concretos, significa hacerlo inspirándose en las ingentes cantidades de información sobre mercados y consumidores que están disponibles en la actualidad, ya sea gratuitamente o pagando. Hay quien se refiere a este nuevo océano de hechos y números como los *big data* (o megadatos) y suponemos que no es mal nombre (aunque tal vez suena un tanto a jerga). Para nosotros, el imperativo en torno al concepto de los *big data* no es necesariamente obtener más información; te podría acabar engullendo. Más bien se trata de discernir qué información es importante para tu organización y tratarla con el objetivo de identificar cuáles son los verdaderos motores del coste y el crecimiento. En última instancia, sir Terry Leahy, el antiguo CEO de Tesco, ya es famoso por haberlo dicho muy acertadamente: «Los únicos datos que interesan son los que te llevan a algún tipo de acción».

Fue precisamente ese tipo de análisis el que permitió a HDS decidir rápidamente en qué negocios desinvertir porque no veían en ellos un camino claro hacia una posición de liderazgo en el mercado. «El diagnóstico que realizamos nos permitió ver lo que necesitábamos ver —comenta Joe—. Consideramos todos los mercados externos y para cada uno nos preguntamos: ¿tenemos manera de ganar dinero ahí?, ¿cuáles son las necesidades de los clientes?, ¿cuál de todas ellas es las más importante y qué tal le damos respuesta nosotros si nos comparamos con la competencia?» De modo parecido, los datos también les indicaron las mejores oportunidades de inversión.

Como resultado de todo ello, HDS vendió las divisiones de madera, fontanería y tuberías industriales, redobló sus esfuerzos en la de mantenimiento de instalaciones e incrementó su inversión en tecnología para mejorar la logística de las entregas. Al mismo tiempo, y una vez más haciendo uso intensivo del análisis de datos como herramienta, la empresa lanzó un programa para recompensar y propagar el proceso de mejora. Por ejemplo, su oficina de Los Angeles tenía resultados mucho mejores que otras sucursales de HDS para varios parámetros. Se nombró a un equipo de la central para que investigaran por qué y se aseguraran de que esas mejores prácticas se hacían extensivas a todas las sucursales de la organización. Al mismo tiempo, todo el personal de campo de HDS salía a la calle con un iPad nuevo en el que llevaban instalado el software Salesforce.com con kilómetros de información sobre qué productos promocionar más en cada cliente concreto para conseguir así mejores resultados.

«En una palabra, nos volvimos unos maniáticos del rendimiento —cuenta Joe—. Cuando tu vida corre peligro, no te queda otra.»

Afortunadamente, hoy por hoy, gracias a los avances en la recopilación y el análisis de datos, volverse maniático puede significar meticuloso y rápido al mismo tiempo.

Reinventa tu proceso estratégico

Pasemos ahora a otro aspecto fundamental de la recuperación de HDS: la manera en la que la empresa gestionó la estrategia después del golpe que, en relación al tema que nos ocupa, también sirve para ilustrar cómo la estrategia y la táctica deberían estar cada vez más integradas en los tiempos que corren, independientemente de las circunstancias.

La verdad es que el diseño de estrategia —por lo menos tal y como lo entendemos los que ya hemos pasado los cuarenta— ha muerto. Es irrelevante. ¿Preparar grades presentaciones un par de veces al año sobre «tendencias» y «competencias clave» y todo eso? ¿Reuniones antes de las reuniones para recabar apoyos de los «electores internos»? Olvídate. Los mercados se mueven demasiado deprisa como para entrar en ninguno de esos rituales del pasado. Se mueven demasiado deprisa y *cambian* demasiado deprisa.

Nosotros llevamos ya tiempo proponiendo un enfoque de la estrategia mucho más sencillo y flexible que llamamos las «Cinco Transparencias» porque el proceso se puede resumir en —obviamente— cinco transparencias. Por cierto, estas transparencias no deberían ser obra de un «Vicepresidente Primero de Estrategia» ni de consultores externos. No, debería confeccionarlas un equipo liderado por el CEO e integrado por las mejores cabezas de la organización, los más comprometidos, los que más sepan y sean además los más curiosos y originales en su manera de pensar. La gente que con más probabilidad debatirá e incluso discrepará, gente de todos los niveles y secciones relevantes al caso. Y, lo más importante de todo: también gente con tendencia a la paranoia, y no solo los que están siempre a vueltas con el «y si pasa tal», no, también los que se ponen siempre en lo peor. Hoy en día, la estrategia exige ese tipo de mentalidad porque verdaderamente puede pasar de todo en el mundo de los negocios actual, y de hecho pasa. Una *start-up* tecnológica entra por la puerta de atrás en el mercado y desbanca al gigante del sector. Un comentario fuera de lugar de un alto directivo ofende a una categoría entera de consumidores. Y la lista sigue y sigue.

Que es por lo que las Cinco Transparencias denotan tanta paranoia y un enfoque extremadamente afinado. Su objetivo es uno, en singular, como debería ser en cualquier proceso estratégico: lograr que la organización salga de sí misma. ¡Un enorme reto! Repasemos:

La primera transparencia ofrece una evaluación en detalle del panorama actual de competidores. ¿Contra quién competimos? ¿Qué cuota de mercado tienen? ¿Cuáles son sus puntos fuertes y débiles? ¿Cómo son sus organizaciones por dentro? Para que el proceso funcione, hay que entender que todos estos temas no pueden tratarse en las alturas como si de un debate intelectual de guante blanco se tratara. Eso ya lo hemos visto demasiadas veces y solo sirve para malgastar energía. Tienes que regodearte en el detalle, como si estuvieras en la sala de reuniones de cada uno de tus competidores. ¿Suena difícil? Bueno, es que lo es, sin duda. Hacen falta rigor y disciplina para ahondar de verdad en qué es lo que pasa por la cabeza de la competencia. Pero, si algo hemos constatado una y otra vez a lo largo del tiempo, es que los responsables de diseñar la estrategia tienden a subestimar a la competencia a que se enfrentan en el presente; por ejemplo, opinando con tono displicente que «esa empresa no hace más que locuras con los precios, se van a arruinar en dos días» en vez de preguntarse: «¡Ey, a ver!: ¿serán nuestros costes demasiado altos?» Y, para empeorar aún más las cosas, también tienden a imaginarse a los competidores estancados cuando se ponen a aventurar cómo podría ser el futuro. Sentimos volver a la carga otra vez, pero es que no nos cansamos de repetirlo y la gente parece que no puede evitar caer en ello: en sus análisis, ellos avanzan mientras que asumen que la competencia permanece inmóvil. Es de locos. El único antídoto posible es este: en lo que al análisis de mercados se refiere, debes tener miedo, mucho miedo.

En la segunda transparencia, resumes tu análisis de toda la actividad reciente de tu competencia en términos de productos, tecnología y movimientos de personas que introduzcan cambios en el panorama competitivo. En la tercera, esbozas lo que has estado haciendo tú a todos esos niveles en el mismo periodo de tiempo. En la cuarta transparencia identificas lo que está a la vuelta de la esquina, sobre todo lo que te impide pegar ojo por las noches, como un nuevo lanzamiento de la competencia, una fusión que podría trastocar el sector de verdad o un agente perturbador de otro sector que aparezca en el tuyo con ánimo de entrar en el juego. Y la quinta y última trasparencia identificas la que consideras tu principal, más impresionante y eficaz jugada para cambiar y dominar ese espacio repleto de viejos, nuevos y potenciales competidores.

El enfoque de las Cinco Transparencias obviamente refleja nuestra creencia en que la estrategia no es una tarea reservada en particular a los más sesudos, sino más bien cuestión de encontrar una idea rompedora para el negocio, de poner a las personas correctas en los puestos correctos para impulsar esa idea hacia adelante, y buscar constantemente las mejores prácticas que permitirán hacerla realidad. (Conste que entendemos por idea rompedora una manera ingeniosa, realista y relativamente rápida de generar ventaja competitiva de modo sostenible.)

Pues bien, cuando hace una década empezamos a hablar del enfoque de las Cinco Transparencias se acogió como una idea que se salía del marco un tanto, lo que tampoco sorprende particularmente en realidad, ya que por aquel entonces los programas de estudios de los MBA (por no hablar de las empresas de consultoría que contrataban a muchos de los alumnos de esos MBA) se confeccionaban en torno a un proceso de diseño de la estrategia que fuera lo más complejo posible a nivel intelectual.

En cambio, en los últimos años, hemos observado una clara evolución hacia procesos de creación de estrategia más flexibles y rápidos que promueven la agilidad. Ser ágil importa de verdad. Por ejemplo, hace poco asistimos a una conferencia sobre tecnología en la que el entonces CEO de Qualcomm, Paul Jacobs (ahora es el presidente ejecutivo) contó que su equipo realizaba una revisión informal de la estrategia todos los meses y, si los mercados lo exigían, incluso más a menudo. Nadie entre el público pareció escandalizarse ante tal declaración; de hecho, muchos asintieron con la cabeza, dando a entender que comprendían perfectamente de lo que hablaba.

Lo que nos lleva de vuelta a HDS. Antes de que un duro golpe la tumbara, la empresa no estaba exactamente atascada en hábitos estratégicos antiguos, pero sencillamente no había adoptado por completo los nuevos. Ahora bien, su crisis cambió todo eso, por decirlo suavemente: en vez de sesiones estratégicas trimestrales, pasaron a tener sesiones de revisión del mercado todos los jueves.

Sí. Todos los jueves.

Igual de relevante —y esto sí que es fundamental— resulta que la empresa se asegurara de que su proceso de revisión estratégica (y táctica) de los jueves fuera un ejercicio de exploración del mundo exterior.

A ver, con demasiada frecuencia la estrategia puede convertirse en un puñado de personas en una sala sin ventanas (en sentido literal y figurado) hablando de historia. De tendencias que han visto. De quién hizo qué allá por cuando fuese. De verdades que saben que lo son porque ha sido el caso hasta ahora. De cómo parecen ir las cosas en el negocio. De lo que está ocurriendo en la empresa ahora mismo, en el sentido de lo que se puede y no se puede hacer por culpa de o gracias a tal y tal persona.

No, no, no.

Un diseño de estrategia eficaz se centra en el futuro; y en los mercados; en los competidores de hoy, mañana y dentro de un año; en la tecnología que tarde y temprano llegará; en los productos que todavía no se han inventado; en los inminentes acontecimientos sociales y políticos. Todo lo que se te ocurra, siempre y cuando sea *ahí fuera*.

En HDS, «yo acababa todas las conversaciones sobre estrategia dirigiendo la atención hacia el mercado —recuerda Joe—. Nunca lograríamos el menor éxito hablando sobre nosotros y lo que podíamos o no podíamos hacer. Teníamos que hablar de clientes, competidores, nuevos productos, nuevos servicios, nuevas tecnologías: "¿Qué más hay ahí fuera?"»

Esa es la gran pregunta.

Consideremos ahora los dos últimos consejos sobre cómo sobrevivir a un golpe que nos tumba y —desde luego— mejorar gracias a ello nuestra manera de hacer las cosas.

Contrasta con la realidad tu arquitectura social

La arquitectura social describe cómo organiza una empresa a las personas —sus relaciones de rendición de cuentas— y, en base a ello, proyecta quién y qué se considera importante en la organización. En resumidas cuentas, estamos hablando del «organigrama».

Por lo general, en el mundo de los negocios se intenta no hablar de organigramas porque son aburridos, sobre todo si hablamos de organizaciones con mucha línea discontinua y una maraña de casillas. Además puede haber gente que se ponga de los nervios con los organigramas, en particular aquellos a los que les preocupa mucho lo alto que quede su casillita en comparación con la de los demás. Pero no estamos hablando de eso ahora.

A lo que vamos es a esto: la experiencia nos ha demostrado que todavía hay muchas empresas que acaban apaleadas porque su arquitectura social no ha cambiado con los tiempos y, para ser más exactos, porque su arquitectura social, con demasiada frecuencia, es una reliquia del pasado en la que las actuales funciones fundamentales de TI (tecnologías de la información) y gestión de riesgos reportan directamente al nivel equivocado (por no comprenderse la importancia que tienen) o a la función equivocada (por no comprenderse el valor que añaden).

Aferrarse a una arquitectura social obsoleta no suele ser algo que se haga con mala idea, pero en cualquier caso sigue ocurriendo, es una costumbre histórica heredada de cuando bastaba con que el simpático abogado de empresa medio jubilado o el contable de gestión de riesgos aparcado en una esquina charlaran con los auditores un par de veces al año y comentaran la jugada con sus inmediatos superiores de vez en cuando. En cuanto a TI, bueno… antes equivalía al número al que llamabas cuando querías que alguien te ayudara con la reunión por WebEx con el equipo que tenías en el terreno.

Obviamente, en la actualidad TI es una función estratégica fundamental en prácticamente todos los sectores. Y con el aumento de la delincuencia cibernética y de la regulación por parte de los gobiernos, la gestión de riesgos también debería serlo.

No obstante, todavía constatamos en demasiadas empresas que la arquitectura social no refleja la realidad. A los gestores de riesgos los llevan al trote a informar al consejo un par de veces al año, allí reciben las correspondientes palmaditas en la cabeza, ¡y vuelta a su cueva, hasta la próxima! De forma parecida, los líderes de demasiadas compañías son incapaces de permitir que el Director Informático o CIO participe en conversaciones sobre estrategia. Nosotros tenemos claro de dónde viene ese miedo: incluso en la era de las soluciones baratas basadas en la nube, todavía podría dar la impresión de que TI aparece demasiado a menudo pidiendo grandes sumas de dinero para actualizar este o aquel sistema, o para algún otro proyecto «urgente» de infraestructura tecnológica que nadie entiende en realidad. «¡Venga ya! —está pensando todo el mundo—, ¡márchate con tus incomprensibles y costosísimos rollos a otra parte!»

Y, sin embargo, el coste de marginar a la función de gestión de riesgos y al CIO es altísimo, y cuando más claro se ve es cuando a una empresa la acaban de tumbar de un golpe. Pensemos en el caso de Target. Justo antes de la Navidad de 2013, durante el pico del pico de ventas de la temporada más fuerte del año, la empresa tuvo que enfrentarse a la desagradable tarea de anunciar que unos ladrones informáticos habían entrado en su sistema y accedido a la información de sus setenta millones de clientes.

¡Setenta millones!

Y el de Target no ha sido el único caso. No olvidemos la catástrofe de los hackers de Sony que rodeó al estreno de *La entrevista*. Fue un incidente internacional en toda regla. O recordemos la retirada de millones de coches por parte de GM por culpa de unos letales botones de encendido, tras haberse producido 13 muertes. Pensemos en JPMorgan Chase, que perdió miles de millones de dólares debido al llamado incidente de la «ballena de Londres».

Qué angustia. Las empresas no tendrían que esperar a que se produzca el desastre para analizar quién rinde cuentas a quién y con qué frecuencia. Es obvio que no existe una arquitectura social «ideal». Solo existe la arquitectura social «ideal» para cada empresa y su mercado a título individual. Ahora bien, cuesta imaginar una compañía que en la actualidad no tenga en los puestos de gestión de riesgos y tecnología a gente muy buena, gente con mucho talento que entienda no solo los entresijos inmediatos de su función, sino también la estrategia de negocio en su conjunto;

gente estrechamente conectada con la alta dirección a través de relaciones de reporte de alto nivel y que esté presente en todas las conversaciones que importan.

Y, para terminar, preocúpate de una manera más productiva

El año pasado nos llegó un correo electrónico de una amiga a las tantas de la noche. Esta amiga, a la que nos referiremos como Julie, dirige una agencia de publicidad que factura 2 millones de dólares con una plantilla a tiempo parcial de 12 personas, y de hecho está pensando en ampliar el equipo. Pero su mensaje nocturno decía: «Últimamente no hago otra cosa que preocuparme constantemente por todo. Es una estupidez preocuparse de este modo, ¿verdad?»

Mal.

Lo que es estúpido es preocuparse por preocuparse. Preocuparse es inteligente, siempre y cuando identifiques claramente lo que te preocupa y le plantes cara.

A ver, no tenemos que fustigar al lector con esto, baste con decir una única cosa: en los negocios, preocuparse puede a menudo ser un indicio de que estás a punto de recibir un golpe. Es tu sistema de alerta temprana basado en sencillamente... cosas... informaciones difusas. Un cliente importante que tarda alguna que otra hora más de lo normal en responder a los correos electrónicos; una ristra inesperada de tuits positivos sobre el producto de la competencia que tú habías ignorado; el arrendador de tus instalaciones que empieza a hablar de que «al final» venderá el edificio.

Este tipo de datos difusos y vagos son parte intrínseca de la realidad cotidiana de todos los directivos que con mucha frecuencia tienden a ignorarlos. Como ya comentábamos en el capítulo anterior, «el trabajo» no te deja tiempo para dedicarte a estas cosas. Ya mencionábamos antes que la alineación era parte del trabajo. Y ahora nuestro mensaje vuelve a ser parecido: preocuparse —la preocupación *constructiva*— también lo es; estamos hablando de realizar la ardua tarea de señalar qué tendencia, acontecimiento, comentario espontáneo o lo que sea te está causando esa sensación de vacío en el estómago; y luego enfrentarte a la también ardua investigación para establecer si tu preocupación está justificada o es pura paranoia. En cualquiera de los dos casos ganas. Si descubres que la preocupación está justificada, puedes arreglar las cosas antes de que sea demasiado tarde. Si descubres que simplemente te estabas dejando llevar por la paranoia, puedes quedarte tranquilo ya que sabes que, por lo menos en esta ocasión, no vas a acabar murmurando entre dientes: «¡Si es que me lo veía venir!»

Nuestra amiga Julie, por desgracia, no quería llegar tan lejos. Cuando la animamos a que identificara la fuente de su preocupación, lo único que sacó en claro fue: «Es solo que tengo la impresión de que Harry está enfadado conmigo». Harry era el vicepresidente de marketing y principal punto de contacto de Julie en su cliente estrella.

Entonces le aconsejamos que fuera a ver a Harry. Puso todo tipo de excusas... Lo has adivinado: estaba demasiado ocupada.

En la siguiente reunión mensual que tuvieron (sí, lo has vuelto a adivinar), el cliente despidió a Julie en medio de una letanía de quejas sobre el pobre rendimiento de su equipo. De hecho, nos hemos referido al duro golpe que encajó Julie al principio del capítulo.

Nos llamó inmediatamente: «Estoy aquí, sentada en el coche, haciendo tiempo porque no me veo con fuerzas de volver a la oficina y darle la noticia a todo el mundo. Es demasiado humillante —dijo—. Ya lo haré mañana». Nosotros no le íbamos a aconsejar que hiciera otra cosa. Como ya hemos dicho, los golpes pueden doler una barbaridad.

Tampoco quisimos recordarle en ese momento aquel correo que nos había enviado a medianoche. Pero fue ella la que lo mencionó: «Ya os dije que estaba preocupada», sentenció.

Sí, lo había dicho. Pero no estaba lo suficientemente preocupada como para preocuparse de la manera correcta, de la manera que persigue a la preocupación hasta que la atrapa. En definitiva, es mucho mejor asumir tu preocupación que asumir tu golpe.

Hemos visto a Julie hace poco. Harry ya no es cliente, pero el golpe de perderlo ese desgraciado día, de hecho, resultó ser una valiosísima lección. Ella y su empresa —nos cuenta— son mejores gracias a lo que ocurrió.

Así es como suelen funcionar los golpes que te tumban.

Joe DeAngelo estaría de acuerdo: «No querría volver a pasar por ello —dice en relación a lo cerca que estuvo HDS de desaparecer—, pero fue algo que nos permitió refinar y perfeccionar todo lo que estábamos haciendo. Eso es lo que pasa en las crisis, que le dan a la situación la velocidad y la urgencia necesarias para arreglar lo que está roto mucho más rápidamente».

En 2014, HDS realizó una salida a Bolsa muy exitosa, ofreciendo a empleados y accionistas una excelente oportunidad de celebrar la sensación que te produce realmente sobrevivir a un golpe que te tumba.

El hecho es que un golpe así puede sufrirlo una empresa de cualquier tamaño, desde los conglomerados de miles de millones hasta los negocios unipersonales. Así es la vida. Así son los negocios.

Simplemente recuerda esto: si te pilla un golpe así, sería terrible que lo desaprovecharas.

3

Hay que crecer

¿Recuerdas el viejo eslogan publicitario *"Nobody doesn't like Sarah Lee"* [Sarah Lee gusta a todo el mundo]? Se convirtió inmediatamente en un clásico. Lo primero, porque era pegadizo y simpático. Y, lo segundo, porque a un cierto nivel visceral hacía que te dieras cuenta de las pocas cosas en la vida en las que, efectivamente, todo el mundo está de acuerdo.

El crecimiento es uno de esos temas raros. A todo el mundo le gusta. Sobre todo en los negocios, donde prácticamente a todo el mundo le encanta.

De hecho, a excepción de un catedrático que una vez presentó un artículo titulado «¿Qué es lo que le parece a todo el mundo tan maravilloso del crecimiento?» a la *Harvard Business Review*, no creemos haber conocido nunca a nadie que no vea que el crecimiento es el elixir de la vida de las organizaciones empresariales de todo tipo y tamaño. Un nuevo producto, una nueva oferta de servicio, un nuevo cliente importante... ¡Que suenen las campanas! ¡La cosa se pone interesante por aquí!

Bueno, hubo un tiempo que algunos de nosotros recordamos (con cariño) en el que el crecimiento era parte del orden natural de las cosas. Desde la Segunda Guerra Mundial hasta 2008, en términos generales, el ciclo económico evolucionaba con sus habituales altos y bajos. Incrementar ingresos y beneficios por aquellos días no era precisamente un remate fácil, había mucha y muy seria competencia en muchos sectores. Pero ya se sabe el viejo dicho del economista Sean Lemass de que «cuando la marea sube, levanta todos los botes», así que la marea levantó muchos barcos, algunos preparados para hacerse a la mar y otros no tanto.

Y, entonces, llegó la crisis financiera. No hace falta que demos ahora una clase de historia. Todos sabemos lo que ha pasado en los últimos años y las consecuencias que ha tenido para los negocios. Ha costado mucho crecer.

Podríamos entrar a debatir de quién es la culpa de esta situación de crecimiento estancado, pero el hecho es que así están las cosas. Y no puedes tirarte panza arriba y no hacer nada. Hay que luchar, no queda otra. O, en el caso de los negocios, dar un paso al frente. Da igual si eres el CEO de una gran multinacional o el responsable de un equipo de seis empleados. Cuando algo plantea un reto, como es el caso del crecimiento en estos tiempos, tu trabajo es reunir a las tropas.

El hecho es que en realidad el crecimiento es una actitud. Sí, una actitud que empieza con el líder y luego va extendiéndose por toda la organización, como una habitación a oscuras donde con una vela se enciende otra vela y así sucesivamente hasta que todo se llena de luz. ¿Te acuerdas de Joe DeAngelo, el CEO que sacó HD Supply del pozo para catapultarla al éxito? Él lo explica así: «Todas y cada una de las personas tienen que venir a trabajar todos los días siendo plenamente conscientes de que su empresa aspira a crecer. El crecimiento no se consigue más que así. Si no piensas en crecer todos los días y además lo dices todos los días, no crecerás».

Amén.

Y amén a la razón por la que es así. El crecimiento es maravilloso porque crecer es lo que da a la gente seguridad laboral, paga la universidad de los hijos, compra la casa y mientras tanto construye carreras profesionales plenas de sentido. Al crecimiento se debe en buena parte que los negocios sean divertidos.

Pero la cuestión es cómo, ¿verdad? ¿*Cómo* crecer incluso en los tiempos de crecimiento muy bajo?

Gran parte de la respuesta a esa pregunta, como puede que ya hayas adivinado, se encuentra en los dos primeros capítulos de este libro. Alinear misión y valores. Adoptar el estilo de liderazgo que fomenta el rendimiento y la innovación. Volverse un maniático del análisis de los datos para impulsar el crecimiento utilizando un proceso de diseño de estrategia rápido y ágil. Establecer una arquitectura social moderna. Preocuparse de manera productiva. ¡Por supuesto que todas estas acciones promueven el crecimiento!

Así que si has empezado *El MBA para la vida real* por este capítulo dedicado al crecimiento porque sientes que ese es tu principal reto, te pediríamos con todo el respeto que volvieras a empezar por el principio.

Pero, si llevas con nosotros desde la primera página, tenemos unas cuantas palancas más que sabemos que pueden ser muy eficaces como catalizadores del crecimiento, seis para ser más exactos. Mira con nuevos ojos. Hagas lo que hagas, no disperses los recursos. Redefine la innovación de manera que sea parte del trabajo de todo el mundo. Pon a tu mejor gente en tus iniciativas de crecimiento. Asegúrate de recompensar a la gente por los motivos correctos. Y, por fin, consigue subir a bordo a los que se resisten al cambio, que sin duda son necesarios.

OJOS BIEN ABIERTOS

Si alguna vez has tenido que pasar una temporada en el hospital o has cuidado a alguien que la haya pasado, seguramente estarás familiarizado con el mundo de la atención sanitaria. Te dan el alta aunque todavía no estás al 100% y te encuentras de vuelta en tu cama con un kilómetro de instrucciones sobre cómo hacer tú mismo a partir de ahora lo que las enfermeras hacían por ti. Lo único que necesitas es el material.

Consideremos una empresa como AssuraMed. AssuraMed tiene una división llamada Edgepark Medical Supplies, un negocio de venta por correo cuya razón de ser es venderte a ti —el consumidor— de todo, desde guantes de látex hasta bolis de insulina, y de paso encargarse de todos los trámites con tu seguro médico privado. Otra división de la empresa, Independence Medical, vende los mismos productos a las tiendas de suministros sanitarios, de las que debe de haber unas 10.000 en todo el país.

AssuraMed es, en muchos sentidos, la típica historia de éxito a la americana. Fundada en 1928 como una simple farmacia de barrio, se expandió a la venta a domicilio en 1968; se convirtió en una empresa regional y luego nacional, y estaba ingresando unos 4 millones de dólares al año cuando una familia de Ohio llamada Harrington la compró en 1990. Los Harrington mantuvieron la trayectoria de crecimiento durante más de veinte años y por fin vendieron a un fondo de capital privado en octubre de 2010.

A diferencia de muchas operaciones de capital privado, AssuraMed no era un desastre ni cosa parecida. RGH Enterprises —que era como se llamaba antes de la venta— daba beneficios y los ingresos crecían a un ritmo que conseguía llegar al doble dígito. Sus directivos eran competentes y estaban contentos en el trabajo.

Entra en escena un nuevo CEO, Michael Petras. Michael había sido CEO del negocio de iluminación en GE, un sector donde incluso el crecimiento marginal era terriblemente difícil. De repente se vio rodeado de multitud de oportunidades —montañas— esperando a que alguien las aprovechara y dio alas a su equipo con un mensaje claro de que había que ir «más rápido, más rápido». De hecho ese acabó siendo el lema general de la empresa. Se convirtió en el principio rector de la organización y el grito de guerra cotidiano.

Michael te diría que, junto con su equipo, accionó simultáneamente todas las palancas que vamos a considerar en este capítulo. Es verdad. Pero, para el análisis que nos ocupa ahora, empecemos por una táctica que él llama «ojos nuevos».

En el sentido de «contrata a gente nueva».

Que no cunda el pánico. Nos damos perfecta cuenta de que, si estás leyendo esto, seguramente sientes que ya lo has intentado todo para animar el crecimiento y ya has exprimido cada intento hasta la última gota. Los clientes querían entregas más rápidas: adoptasteis técnicas Seis Sigma y los tiempos de entrega puerta a puerta se redujeron a la mitad. Los ingresos publicitarios en que se apoyaba tu página web se estaban contrayendo: cambiaste a un modelo de suscripción. Has añadido todos los servicios nuevos imaginables. Has llevado el término «mejores prácticas» al límite. Y los resultados no están mal. Has logrado que la facturación crezca al 2 % en términos reales en una economía que lo hace a un 2-3 % y, con un empujoncito en mejora de la productividad, has aprovechado ese «crecimiento» que se ha traducido en sólidos incrementos de un dígito en los beneficios. No era lo que esperabas, si se tiene en cuenta la cantidad de recursos que has invertido, pero es lo máximo que cabía esperar en un entorno como el actual.

El problema con esta manera de pensar es que, seguramente, no lo has probado todo. Has aceptado con demasiada facilidad las circunstancias. Y, para salir del sitio donde has ido a parar, necesitas que entren en juego nuevos cerebros.

Vamos a ver, cuando no estás creciendo muy rápido, lo último que quieres hacer es empezar a contratar como loco. Te gusta tu equipo, aunque seáis cuatro. Tienen experiencia; llevan tiempo contigo, trabajando codo con codo, probando nuevas iniciativas. Hay empatía entre vosotros. Pero la realidad es esta: tú y tu equipo no sabéis lo que no sabéis.

En AssuraMed, Michael Petras estaba rodeado de gente que había «crecido» en la empresa. Se conocían el mercado de pe a pa. Michael no quería que se marcharan porque, igual que tú, veía lo mucho que valían pero, en aras de lograr una nueva perspectiva más fresca, cambió a algunos de ellos de puesto y contrató a seis líderes nuevos que fue a buscar a empresas de fuera del sector médico (Hewlett-Packard y Grainger entre otras). Y, tal vez lo más sorprendente, fue que fichó a una nueva directora de marketing que venía de Lean Cuisine, una división de alimentos congelados de Nestlé. Se llamaba Kristin Gibbs y, como Michael, le bastó echar un vistazo a su alrededor cuando llegó a Assura-Med para darse cuenta de que aquello era una mina de oro de posibilidades de crecimiento. La empresa hacía tiempo que había realizado una segmentación de clientes por producto, por ejemplo. Kristin se preguntó qué se podía aprender y mejorar si los segmentaba por «estado de enfermedad», es decir: paciente de urología, diabético dependiente de la insulina, etc... También reparó en que la empresa no había alineado sus programas de marketing con los de sus proveedores. ¿Qué pasaría si lo hiciera? La compañía tampoco había dedicado nunca demasiado tiempo a darse a conocer entre las enfermeras. ¿Y si empezaban a aparecer en las convenciones de enfermería, a patrocinar jornadas y eventos y a contar la historia de AssuraMed?

El impacto de las distintas iniciativas de marketing que lanzó Kristin fue inmediato y profundo. No porque fuera una directiva nueva que hubiese introducido nuevas técnicas de dirección, sino porque era una directiva nueva que había visto la organización con nuevos ojos, que había sabido ver lo que la organización era y en qué podía convertirse.

Si quieres crecimiento, sea cual sea el tamaño de tu empresa o el puesto que ocupes en ella, ya seas líder de equipo o de departamento, no retrases la introducción de un par (o dos) de ojos nuevos.

CONCENTRAR, NO DILUIR

La mayoría de los negocios tienen fondos limitados para invertir en iniciativas de crecimiento cada año. Y, en la mayoría de las ocasiones, tanto si el presupuesto es de 100.000 como si es de 10 millones de dólares, nunca es suficiente; es otra de esas verdades inmutables...

Y, sin embargo, con demasiada frecuencia, el problema que plantea el crecimiento no es la cantidad de dólares disponibles sino cómo los distribuyen los directivos.

Los dispersan. Un poco de dinero para esta iniciativa, otro poco para aquella, un poco más por aquí, y por allí. Al final, todas las iniciativas reciben unas migajas y todo el mundo queda descontento. Eso sí, por lo menos, todos *igual* de descontentos, ¿no? O así es como piensan los líderes débiles que se dedican al antiquísimo pasatiempo corporativo favorito por excelencia conocido como SEC (salvar el culo).

Con este enfoque, por muy habitual que sea, se llevan todas las de perder. Si quieres crecer, no asegures tus apuestas. Juega a lo grande para llegar a ser grande. Esa es la segunda palanca que proponemos.

Michael Petras tenía un montón de maneras de asignar sus recursos al crecimiento en AssuraMed; desde luego, durante el primer año, su equipo del nivel más alto (¡los ojos nuevos!) le propuso más de una docena de opciones de inversión. Y todas revestían interés, lo cual era muy emocionante. Así que Michael y su equipo debatieron sobre ellas durante días con una intensidad y pasión dignas de la mejor guerra de bolas de nieve que te puedas imaginar. Al final, y para maximizar el retorno de la inversión, decidieron financiar tan solo dos. Una fue la iniciativa de segmentación de Kristin y los proyectos de marketing asociados. La otra suponía un viraje bastante dramático para la empresa: ir a por todas en el mercado de la urología donde la empresa tenía una presencia despreciable.

No fue por tanto nada sorprendente que la vieja guardia de AssuraMed acogiera la idea de expandir el negocio de urología con escepticismo: «Eso ya lo hemos intentado antes —dijeron—. La competencia tiene el mercado copado». Pero Petras argumentó que AssuraMed nunca había ido a por el mercado de urología con recursos y compromiso. Que fue lo que hizo la empresa en 2012, invirtiendo mucho en liderazgo, dedicando una fuerza de ventas específica y ampliando las capacidades de facturación. Para finales de 2013, el negocio había duplicado su tamaño.

¿Quién lo iba a decir? Desde luego nadie acostumbrado a dispersar.

Una última idea sobre crecimiento y asignación de recursos: como ya decíamos antes, puede dar la impresión de que nunca hay suficiente dinero para financiar el crecimiento de la manera que sabes que «hay» que financiarlo.

«Para que despegue este nuevo producto necesitamos invertir ciento cincuenta mil dólares en publicidad», podría ser que le dijeras a tu jefe.

«Ya, ya veo por dónde vas. Bueno, aquí tienes cincuenta mil dólares», podría ser su respuesta.

A veces 50.000 dólares es todo lo que queda del presupuesto. A veces solo te dan 50.000 dólares porque hay mucha dispersión.

En cualquier caso, en esas situaciones, tu única esperanza es innovar en torno al problema. Aportar grandes cantidades de creatividad en vez de dólares.

Tal y como hizo WestJet Airlines.

Esta es la historia: en diciembre de 2013, en un momento en el que la competencia invertía muchísimo más en publicidad y se enfrentaban a una falta de conocimiento de marca en sus mercados objetivo, WestJet eligió dos vuelos de la ruta de Toronto a Calgary y montó en la sala de espera un kiosco con forma de regalo donde se instaló una pantalla digital en la que un Santa Claus interactivo daba la bienvenida a los clientes antes de embarcar: «¡Jo, jo, jo! —reía—. ¿Quién eres y qué te gustaría de regalo de Navidad?» Todo muy simpático. La mayoría de la gente entraba en el juego y respondía. Una cámara de fotos, decía un pasajero. Calcetines y ropa interior, respondía otro. Una batidora. Una bufanda bien abrigada. Y así sucesivamente...

Para cuando finalizó el embarque, seguramente el 90% de los

pasajeros se había olvidado ya del breve encuentro con Santa. Pero, sin que nadie lo supiera, el personal de tierra de WestJet en Calgary andaba atareadísimo realizando las compras necesarias para cumplir el deseo de todos y cada uno de los viajeros. Y cuando los 250 pasajeros aterrizaron y se dirigieron a la cinta número 8, en vez de sus maletas, se encontraron con sus regalos convenientemente etiquetados.

Te retamos a que veas el vídeo en YouTube sin que se te escape alguna lagrimilla. Prueba. 36 millones antes que tú lo han visto ya.

Sí, WestJet echó el resto con esta maravillosa e innovadora campaña de marketing y consiguió 36 millones de visionados. No sabemos cuántos millones costaría pagar por ese tipo de resultados utilizando publicidad convencional, pero desde luego mucho más —estamos hablando de ligas diferentes— de lo que la empresa se gastó en regalos.

A ver, la cruda realidad es que no suele haber suficiente dinero para todas las iniciativas de crecimiento, así que gástate lo que tengas y gástate lo que puedas. Simplemente no disperses el gasto.

TODOS A ARRIMAR EL HOMBRO

Sigamos hablando de innovación un minuto más, ya que parece ser el motor del crecimiento que más bombo y retórica grandilocuente suele llevarse en la carta del CEO que acompaña a la memoria anual.

Todo eso está muy bien... Acabamos de comentar la genial idea de marketing de WestJet como ejemplo del poder de la innovación para introducir cambios en el juego.

Pero, por lo general, nuestra opinión es que la mayoría de la gente y los expertos en el mundo de los negocios tienen una idea demasiado restrictiva de la innovación y como resultado se pierden muchas posibilidades de crecimiento.

Este es el problema: en nuestra cultura se acepta el concepto

—el estereotipo si se quiere— de que la innovación es el ámbito exclusivo de los Edison, Einstein y Jobs del mundo; de los genios superbrillantes, prácticamente de otro mundo, que se encierran en sus laboratorios o sus guaridas y solo reaparecen cuando tienen un invento que cambia el mundo. Esas personas irrepetibles y nada comunes existen, por supuesto, gracias a Dios.

Pero, si quieres desencadenar el crecimiento en tu organización, debes dejar a un lado lo que el ejemplo de esas personas irrepetibles y nada comunes nos dicen sobre innovación: que es cosa de genios solitarios y que consiste en grandes avances disruptivos y rompedores. Ese listón queda demasiado alto y deja fuera a demasiada gente, haciendo que piensen: «De la innovación se tiene que encargar otra gente, no yo. Puedo ser inteligente, pero no tanto».

Es como si dimitieras el primer día de trabajo.

Mira, en los negocios, lo más probable es que la innovación se dé cuando se plantea para que suponga (también) mejoras incrementales relacionadas con el trabajo de todos. Puede y debe ser algo continuo, constante, *normal*. Puede y debe ser una actitud de todos los empleados a todos los niveles que hace que la gente se plantee al entrar por la puerta cada mañana: «Hoy voy a encontrar una manera mejor de hacer mi trabajo».

Piensa en lo que podría pasar. De repente, la innovación se convierte en encontrar la forma de hacer el cierre trimestral de las cuentas en seis días en vez de en ocho, en mejorar las rotaciones de inventario un 5 % cada trimestre, o en usar la tecnología para visitar a cuatro clientes al día en vez de tres. La innovación se convierte en un movimiento de masas para mejorar continuamente la manera en la que se hace el trabajo, y es raro que los movimientos de masas no tengan un impacto.

Ahora bien, aquí entra en juego la mentalidad. Ese movimiento de masas no se va a producir porque el jefe dé unos cuantos discursos: «¡La innovación es genial! ¡Tenemos que innovar!»

Como dicen los neoyorquinos, «¡olvídate!»: la gente asentirá con la cabeza e incluso aplaudirá, y luego regresarán a sus mesas y su trabajo de verdad y no volverán a pensar en la innovación. No, este tipo de mentalidad innovadora requiere una cultura de reconocimiento del mérito en la que los líderes celebren a muerte las mejoras marginales. A Sam de Atención Telefónica al Cliente se le ha ocurrido una manera de incrementar un 5 % nuestra tasa de retención de clientes... ¡Pues a montar una fiesta en la oficina y brindar por ello, con entrega pública de un premio consistente en dos entradas para un espectáculo estupendo que acaban de estrenar en la ciudad! Marie ha ideado un modo de evitar los tiempos de parada en la planta con un pequeño cambio en la programación que, en cualquier caso, a todo el mundo le ha parecido una manera mucho mejor de funcionar. Mándala con su familia a Disney World. O lo que sea, los detalles son lo de menos. Se trata de celebrarlo de un modo que resulte adecuado y tenga sentido. (Sabiendo, por supuesto, que la celebración nunca —insistimos, nunca— equivale a cenar con el jefe. Porque, por muy maravilloso y divertido que sea el jefe —y pocos son para tanto—, cenar con el jefe sigue siendo trabajo.)

Bueno, eso es todo sobre este tema. Conclusión: nos inspiran los inventores legendarios tanto como al que más, pero hay todo tipo de oportunidades para el crecimiento ocultas en una narrativa de signo contrario que también es cierta: no hay que ser un genio para dejar una huella significativa.

Sencillamente tienes que creer que las mejoras marginales son innovación también.

EMPAREJA TALENTO CON TAREA

En este mismo capítulo hemos argumentado que, cuando se trata de asignar recursos para crecer, tienes que «ir a lo grande». Ahora queremos explicar cómo ese mismo principio es aplicable a la decisión de a quién asignar el trabajo de las iniciativas de crecimiento. Que sean los mejores que tienes. Es la única opción que funciona.

«Claro —estarás pensando—, ¡obvio!»

Pues sí que lo es, pero no suele pasar con la frecuencia ni intensidad que debería.

Incluso en empresas muy inteligentes.

He aquí un ejemplo concreto: uno de nosotros asistió recientemente a una revisión operativa en Hussmann, un fabricante de frigoríficos del Medio Oeste. Es un negocio sólido con un liderazgo nuevo y comprometido que se está recuperando bien de haber quedado huérfano del conglomerado empresarial al que pertenecía. La reunión estuvo dominada por un debate en torno a las principales iniciativas de la empresa para fomentar el crecimiento y el avance. Todas y cada una de esas iniciativas tenían indudable potencial de mercado y estaban bien financiadas, pero los resultados estaban siendo más lentos de lo que todos querían y esperaban. ¿Qué estaba pasando?

Una de las respuestas a esa pregunta fue verdaderamente fascinante y clave en relación al tema que nos ocupa. Se produjo cuando el CEO, Denis Gipson, que era el que llevaba la reunión, tuvo el coraje de volverse hacia el director de Recursos Humanos, Scott Mannis. Dennis sabía que Scott había hecho un análisis completo de la situación y que sus hallazgos apuntaban a una tremenda desconexión entre el nivel de talento necesario para lanzar las iniciativas de crecimiento y el talento que en realidad se asignaba a estas.

Hussmann era una empresa que, por suerte, tenía un sistema riguroso de valoración de rendimiento que clasificaba a los empleados en una escala que incluía una franja de rendimiento superior (aproximadamente un 20% del total), otra de mediano a bueno (el 70% alrededor de la media) y otro grupo con rendimientos por debajo de expectativas (el 10% peor).

Con esa información, Scott pudo crear un gráfico que presentó a sus colegas ese día: en él se situaba cada una de las iniciativas de crecimiento en el eje vertical, y en el horizontal, en la parte superior, se mostraban las categorías (20-70-10); así se podía representar gráficamente el personal asignado a cada iniciativa. El mapa resultante mostraba con toda claridad que no había suficiente gente de la mejor en las iniciativas de alto crecimiento. Eureka.

Este es un gráfico que cualquiera que aspire a crecer —o sea, todas las organizaciones; punto— debería tomar como pauta fundamental de funcionamiento. Insistimos: este gráfico lo cambia todo porque verdaderamente coloca el proceso de gestión de las personas en una posición central. Si quieres crecer tienes que poner a tu mejor gente a operar los motores del crecimiento.

En el caso de AssuraMed del que ya hemos hablado, por suerte, Michael Petras traía consigo una comprensión total de la importancia de encargar a los mejores que lideren las iniciativas de crecimiento. Lo que hizo fue seleccionar a un directivo con mucho potencial de dentro de la organización para que se encargara de la incursión en el campo de la urología. Michael juzgaba que la incipiente división necesitaba la potencia de un directivo brillante, y además también sabía que poner a trabajar en ella a un empleado estrella de la principal línea de negocio de la empresa iba a enviar un mensaje claro a toda la organización sobre la importancia estratégica de esa iniciativa de crecimiento. Este tipo de nombramientos, como ya mencionábamos en el Capítulo 1, son mucho más elocuentes que cien discursos.

No fue ninguna sorpresa que, cuando Michael se sentó con el directivo y le dio la noticia, este se sorprendiera mucho:

—¡Ahora tengo un trabajo mucho mejor! —protestó.

—Cierto —respondió Michael—, pero eres uno de los mejores empleados de la organización y el proyecto nuevo te necesita. La empresa te necesita.

Y así debe ser. El crecimiento no se lidera a sí mismo.

MANTENER LA FRESCURA EN LA RETRIBUCIÓN

La siguiente palanca para favorecer el crecimiento se puede calificar como «la que más va al detalle», «la que más baja a las trincheras», «la que supone más esfuerzos» si se quiere...

Se trata de medir y recompensar a la gente en base al crecimiento.

¿Recuerdas cómo, en el último capítulo, dijimos que los *big data* estaban muy bien, pero siempre y cuando no permitieras que ese nuevo océano inmenso de información te asfixiara? Nuestra tesis, como tal vez recuerdes, era que en la actualidad los datos te pueden contar muchas cosas pero que el mejor uso que puedes darles es que te ayuden a centrarte en algún tipo de acción que verdaderamente tenga perspectivas de impulsar el crecimiento y reducir costes.

Claro está que hay una relación entre lo uno y lo otro. Pero, ¿qué es lo que impulsa tu rentabilidad de verdad? ¿Las ventas, márgenes, los costes de adquisición o la retención de clientes? ¿Es cuestión de las características del producto o de los contratos de servicio a largo plazo?

Tal vez ya sabes la respuesta a estas preguntas. Genial. Deberías.

Pero, en ese caso, ¿te basas en ello para evaluar y compensar a tu gente por su rendimiento? No digas que sí antes de haberlo pensado con detenimiento. Porque este es el tema: en el mundo actual repleto de cambios tecnológicos que se suceden a un ritmo vertiginoso, la vigencia de los sistemas de medición del rendimiento y retribución caduca diez veces más rápido que antes. Así que puede que creas que tu organización mide a la gente en función de las variables correctas y les paga en consecuencia, pero que, de hecho, eso sea más un deseo que una realidad.

Volviendo a AssuraMed, por ejemplo: en sus primeros tiempos como CEO, a Michael Petras le sorprendió mucho enterarse de que se evaluaba y remuneraba al equipo de ventas en función de éxitos *pasados* y, más concretamente, a los vendedores se les pagaba una comisión por su «historial de ventas», siendo una pequeña porción del sueldo dependiente de conseguir nuevas cuentas o de las llamadas telefónicas salientes. El resultado era que unos pocos vendedores se pasaban la mayor parte de su tiempo gestionando grandes cuentas ya existentes, un modo de funcionar que les reportaba grandes beneficios pero que contribuía muy poco a mejorar las perspectivas de crecimiento de la empresa.

Esto sí que es tener las cosas manga por hombro.

Michael cambió el sistema de compensaciones enseguida, pasando a uno basado en el crecimiento de las ventas medido en dólares, en el crecimiento del margen medido en dólares y en el número de clientes.

Algunos vendedores no acogieron el cambio con entusiasmo precisamente. ¿Acaso se les puede echar en cara? Durante años, habían estado gestionando unas pocas cuentas ya existentes y llevándose por ello la mayor parte de las comisiones en metálico disponibles. Pero, ante la perspectiva de trabajar para una empresa que creciera más rápido, la mayoría decidió quedarse y probar. Y, claro, la evolución de facturación y márgenes de AssuraMed no tardó en mejorar. Además, el nuevo plan permitió a más vendedores participar en los resultados generales de la empresa. A fin de cuentas, sin demasiados quebraderos de cabeza, tanto la fuerza de ventas como la empresa se beneficiaron mucho del cambio.

Ahora bien, somos conscientes de que reexaminar y a veces redefinir los parámetros del sistema de evaluación y retribución de todas las funciones de una empresa cada dos años puede sonar excesivamente laborioso. Ya nos damos cuenta. Tal y como decíamos al principio, esta palanca es la que más desciende al detalle.

Pero los sistemas de retribución se encallan con demasiada frecuencia. Y cuando se trata de lograr un crecimiento rápido en un mundo de crecimiento lento, es la palanca ganadora.

LA COMPETENCIA... POR DENTRO

La última palanca nos permite hablar del *curling* una vez más. Parece que nos ha dado por la metáfora del *curling*...

En el primer capítulo comentábamos que los líderes deberían actuar como los jugadores de *curling* encargados de barrer el hielo para despejar los obstáculos del camino mientras que sus otros compañeros de equipo empujan la «piedra» hacia la red. Y, para completar la metáfora, ya decíamos que con «obstáculos» nos referimos a papeleos y burocracia innecesaria.

Lo mismo puede decirse del crecimiento. Solo que los obstáculos que impiden que una iniciativa de crecimiento prospere no se limitan a papeleos y burocracia innecesaria. No. También se cuentan entre ellos a los integrantes de la «vieja» guardia de la organización, que montan una resistencia envidiosa y mezquina, resentida por el dinero y atención que se dedica a lo nuevo, un terreno donde muy pocos de ellos se aventuran.

Lo odian.

«Es de lo único que hablan los jefes —se quejan— y no tiene ningún futuro. Están esquilmando la empresa con esos rollos. Nosotros ganamos el dinero y ellos se lo gastan.»

¡Ay! ¡Cómo es la naturaleza humana!

Bueno, en cierto sentido, estos miembros de «la resistencia» tampoco pueden ser muy dañinos para una iniciativa nueva de crecimiento, ¿no? Total, lo único que hacen es quejarse y rezongar... Ya, pero por otro lado su estratagema puede realmente pasar factura a la empresa. Pueden hacerse los remolones a la hora de compartir información sobre clientes o proveedores. Pueden guardarse información o ideas importantes, relevantes o útiles en las reuniones. Pueden ingeniárselas de mil y una maneras para no colaborar ni cooperar, destruyendo así con otras tantas pequeñas zancadillas las posibilidades de que la iniciativa de crecimiento tenga éxito.

Y, lo peor de todo, pueden usar todo tipo de excusas para apartar a los mejores empleados del nuevo proyecto de crecimiento. «No podemos prescindir de Mary hasta el final del trimestre; los clientes no lo tolerarían.» O «John no quiere cambiar de puesto este año; está a punto de ser padre». Este tipo de comportamiento, el de acaparar a las personas, es el mayor pecado que cometen los que se resisten al cambio. Es cien veces más difícil empezar algo nuevo que dirigir una división de 50 años de antigüedad y 300 millones de facturación con todos los clientes bien asentados y todos los sistemas en funcionamiento.

Así pues, la palanca final para estimular el crecimiento es involucrar a los que se resisten al cambio. Identifícalos, desactívalos y recondúcelos. A veces ir al grano y tener una conversación sobre la misión y los comportamientos servirá. Pero, desde luego, siempre ayuda sacar la artillería pesada y vincular una proporción significativa de las bonificaciones de la vieja guardia al éxito de la iniciativa de crecimiento. En estos casos, el bolsillo ayuda mucho a centrar la mente. Si eso no funciona, entonces los que se resistan se tendrán que marchar. Porque aniquilan el crecimiento.

Independientemente de la táctica que elijas, sé consciente de que cualquier iniciativa de crecimiento se enfrenta a una dura competencia más allá de las cuatro paredes de la empresa y es por tanto responsabilidad del líder —y hablamos de líderes a todos los niveles— asegurarse de que no la haya también de puertas para adentro.

¿Cómo podemos catalizar el crecimiento? Esta es la pregunta del millón en todos los sectores y en el mundo entero. En todos los lugares a donde hemos ido y vamos, todo el mundo quiere saber cómo crecer más rápido en lo que se ha convertido en un mundo de crecimiento obstinadamente lento.

Nuestra respuesta a ese desafío se centra en los motores que acabamos de describir. Pero la verdad es que, en cierto sentido, todo este libro habla de crecimiento. Un liderazgo extraordinario conduce al crecimiento. Unos equipos extraordinarios llevan al crecimiento. Una estrategia extraordinaria lleva al crecimiento. Un tratamiento de los datos extraordinario lleva al crecimiento. Unos planes de remuneración renovados y extraordinarios llevan al crecimiento.

Ya ves por dónde vamos.

Y, por ese motivo, la primera vez que hablamos con Michael Petras en AssuraMed sobre el incremento del 30% en la tasa de crecimiento de la empresa logrado por su equipo, lo que nos contó fue que «lo habían hecho todo a la vez».

Sí, accionó todas las palancas adecuadas: trajo gente nueva que mirara con nuevos ojos; no dispersó los recursos; puso a los mejores en los proyectos de crecimiento; evaluó y recompensó el rendimiento en base a los objetivos de crecimiento; hizo de la innovación una responsabilidad compartida por todo el mundo; y, cada vez que alguien intentaba menoscabar las iniciativas de crecimiento, se aseguraba de que no volviera a hacerlo.

Y todo eso funcionó. La empresa sigue creciendo —en 2014, superó los mil millones de dólares en ventas— y, lo mejor de todo, tanto para Michael como para nosotros, es cómo se siente su gente por ello. El crecimiento infunde energía a los que toca. Sencillamente es muy emocionante.

Emocionante e imprescindible. En la naturaleza, todo lo que no crece, muere. Lo mismo puede decirse de los negocios. Es indiscutible que se viven tiempos de crecimiento lento en todo el mundo, a veces puede hasta llegar a parecer que mantenerse respecto del trimestre o el año anterior ya es una victoria; pero el crecimiento es tan fundamental para hacer que el trabajo tenga sentido y sea divertido, que no puedes permitirte creer que una situación estática es el statu quo.

Solo el crecimiento lo es. Y es genial.

4

La globalización: complicado...

Puede gustarte o espantarte Facebook, pero hay que reconocer su habilidad al etiquetar uno de los estados de las relaciones como «es complicado». Todo el mundo entiende el significado de la expresión: estás metido en un lío del que no puedes pasar.

Justo igual que con la globalización.

A ver, sería ridículo escribir un libro que supuestamente se ocupe de los verdaderos desafíos de los negocios en la actualidad pero que no hable sobre lo bueno, lo malo y lo feo de trabajar en mercados extranjeros. Simplemente sería ridículo actuar como si hubiera escasez de consejos sobre cómo lidiar con la globalización con éxito. ¡Por dios, si están por todas partes!

Muchos de esos consejos son buenos. Algunos, excelentes. Y aquí vienen las buenas noticias: vamos a intentar no repetir lo que ya has oído tanto en una como en la otra categoría. En vez de eso, nos gustaría tocar los temas de los que generalmente no se habla; los temas que nos parece que verdaderamente marcan la diferencia cuando cruzas fronteras para hacer negocios. Nuestras percepciones al respecto son el resultado de haber trabajado (uno de nosotros) durante 40 años en un conglomerado empresarial internacional y luego, más recientemente, de haber trabajado (los dos) con decenas de empresas de todos los tipos y tamaños, que hacen negocios en el extranjero. Y, en base a todas esas experiencias, argumentaríamos que, junto con las recetas sobradamente conocidas, hay cuatro ingredientes fundamentales para operar globalmente con éxito. Puede que tu organización ya esté al tanto de algunos. Tal vez otros sean nuevos. Por ejemplo: rara vez oímos a nadie hablar sobre la importancia de un buen discernimiento cuando operas a nivel global. Y, sin embargo, nosotros creemos que tal vez sea la cualidad fundamental que deba poseer un líder. Volveremos a este tema más tarde.

Pasemos a considerar estos ingredientes (nos resulten o no familiares) sin más prolegómenos, preguntándonos (y respondiéndonos) a las siguientes cuatro preguntas:

¿ES NUESTRA INICIATIVA DE GLOBALIZACIÓN UN WIN-WIN EN EL QUE TODOS GANAN?

Vale, ¿te ha dolido la pregunta? Si es el caso, que sepas que no estás solo. Por alguna razón, hay montones de compañías —incluso de las buenas, de las inteligentes— que se meten en iniciativas globales con una mentalidad del tipo «vamos a forrarnos». Se marcan como objetivo abrirse una vía de acceso a nuevos mercados de exportación ametrallando a la distribución local con sus productos; o la idea es exprimir los costes de aprovisionamiento hasta el mínimo, prácticamente cero. La intención primordial es que suene la caja registradora.

Pero tú sabes, y nosotros sabemos, que los negocios no van así, o por lo menos no durante mucho tiempo.

Consideremos qué pasa con las exportaciones.

Es verdad que hubo un tiempo, digamos que hace 25 años, cuando las empresas occidentales podían presentarse en un mercado extranjero y acordar con la distribución la introducción de sus productos en las tiendas, y solo eso ya bastaba para poder contar con un cierto nivel de éxito pues, a fin de cuentas, por aquel entonces los productos occidentales tenían un gran valor añadido. En aquellos tiempos, China, por ejemplo, no estaba produciendo como churros máquinaria para las faenas agrícolas de alta calidad; ni la India se dedicaba a la producción de maquinaria móvil de ultrasonidos.

Por supuesto hoy en día China y la India tienen sus propios ingenieros perfectamente formados y plantas de vanguardia, lo mismo que otros muchos países. Polonia, por ejemplo, y más recientemente Nigeria... La lista de países desarrollados y en desarrollo con economías nacionales saneadas aumenta todos los años. Esta expansión de la prosperidad es una muy buena noticia. Pero también significa que más te vale pensártelo dos veces antes de meter dinero en una estrategia de exportación. «¿Tenemos algo verdaderamente único? —debes preguntarte—, ¿algo que el mercado objetivo valore y necesite? ¿Es nuestra tecnología excepcional y revolucionaria? ¿Podemos protegerla para que no nos la copien fácilmente para vender lo mismo por la mitad de precio?» Si la respuesta a cualquiera de esas preguntas es negativa, podría ser que acabaran ganando los distribuidores y tú, seguramente, no.

Una salvedad, y una importante además: si tu producto o tu tecnología no son únicos, una marca fuerte puede ser un significativo factor atenuante y permitir crear una situación en la que todos ganen. La Pabst Blue Ribbon de Miller es una cerveza de gama alta en China —a saber...— que se vende a más de 30 dólares la botella. La marca Kit Kat de Nestlé tiene una popularidad increíble en Japón, donde se vende en 80 variedades diferentes que incluyen sabores tan variopintos como la soja, el maíz tostado y el vinagre de limón. Ni que decir que los ejemplos no se limitan a los productos de consumo. Nike, Apple, Chanel y American Express son todas marcas potentísimas a nivel mundial y sin duda han sido capaces de llegar a acuerdos en los que todos ganan con sus principales socios locales.

Y cabría añadir que la falta de marcas es precisamente el gran reto a que se enfrentará China en la próxima década. Puedes contar con los dedos de una mano el número de productos «sin los que no se puede estar» de ese mercado, ¿verdad? Lo cual contrasta mucho con la situación en Japón o Corea, países que durante los últimos 40 y 20 años respectivamente han invertido miles de millones en crear marcas que todo el mundo conoce. Pensemos en Samsung, LG, Hyundai. ¡Quién sabe cuándo se pondrá a la altura China! Seguramente en la próxima década. Ahora bien, incluso si tarda un poco más, es un plazo que deben tener muy en cuenta los exportadores que en la actualidad cuenten con que sus marcas les proporcionarán cobertura.

Ahora veamos el sector del aprovisionamiento que, al igual que la exportación, ya no es lo que era. Olvídate de exprimir a tus proveedores extranjeros. Eso era en 1985. Hoy en día, si no le ofreces al productor local algún beneficio razonable —una situación en la que todos ganen—, tus acuerdos acabarán desmontándose.

Nos encanta el ejemplo de situación en la que todos ganan o win-win de David's Bridal, la mayor cadena de tiendas de vestidos de novia de Estados Unidos. Según su presidente, Paul Pressler, durante muchos años han sido diez fábricas chinas las que han proporcionado a David's la compleja costura técnica que requieren sus productos pero, a partir de 2013, le empresa empezó a tener la sensación de que con esa organización se arriesgaba demasiado en términos de costes laborales crecientes, incertidumbre política y logística cautiva. Así que decidieron ampliar su compromiso con el socio industrial que tenían en Sri Lanka, una compañía con un historial solvente de producción de alta calidad a precios muy competitivos. David's Bridal se comprometió a aportar un 25 % del capital, formación técnica y un compromiso inicial de cinco años. Esto permitió al empresario cubrir las pérdidas iniciales y garantizarse la inversión de capital externo. «Las cadenas de suministro son un arma muy potente para nosotros —explica Paul Pressler—. Queríamos ser importantes para nuestro socio de Sri Lanka y que él también lo fuera para nosotros, de modo que pudiéramos trabajar juntos mucho tiempo.»

«Mucho tiempo» es correcto. Porque, a fin de cuentas, el secreto para crear un negocio global en el que todos ganen es el horizonte temporal.

Vindi Banga, ejecutivo de Unilever durante mucho tiempo (ahora trabaja en el sector del capital privado) y una enciclopedia andante sobre el tema de la globalización, cuenta una historia en el fondo archiconocida sobre la cantidad de empresas conjuntas o *joint ventures* que fracasan. «Al principio siempre va todo muy bien —dice—, todo son sonrisas y apretones de manos, se tiene la sensación de que todo es bastante equitativo. El grande piensa que aporta tecnología y marca, y el pequeño cree que trae mercados locales, contactos y conocimientos regulatorios. Es agradable, un trato justo.»

Pasan cinco años en el relato de Vindi. La empresa conjunta ha sido un éxito, tanto que el «grande» quiere incrementar la escala. A veces esto se consigue comprando al socio local, que puede acabar sintiéndose utilizado y, en ocasiones, incluso llegar a tener la sensación de que se le explota y enfadarse lo suficiente como para revolverse y convertirse en un competidor. Un resultado que, desde luego, dista mucho de ser el óptimo. En otros casos, el «grande» sugiere un trato: «pongamos cada uno 50 millones de dólares más», le dice al socio local, que se cierra en banda (eso es más de lo que tiene en el banco o siquiera soñaría con conseguir que le prestara el banco). En la mayoría de las culturas, sin embargo, reconocer algo así es bochornoso, así que el socio local contraataca con «te estás acelerando un poco antes de tiempo» o «no ganamos suficiente dinero para ese tipo de compromiso adicional».

El grande se irrita: «Con esa actitud, no nos vas a ir bien —dice—, hay competidores que no nos podemos permitir que nos adelanten».

Con tantas idas y venidas, «se hablan sin escucharse —dice Vindi— y ahí empiezan los problemas». Poco a poco pero de manera inexorable, la empresa conjunta empieza a desmoronarse y, por lo general, acaba implosionando cuando el grande encuentra otro fabricante local «más dispuesto», o sea, alguien con más dinero en los bolsillos. Al socio original, que por su parte siente que le han dado la patada, se le descarta.

Este problema se produce con demasiada frecuencia, según Vindi «porque los socios nunca se sentaron al principio a pensar qué plan a cinco o diez años, tenían. Parece sencillo pero rara vez se hace».

De manera parecida, demasiadas compañías pecan de miopes en lo que respecta a la *permanencia* en destino de los directivos que trabajan en el extranjero en proyectos globales. El hecho es que, si quieres establecer una situación en la que todos ganen, no puedes mandar a la gente a hacer temporadas de uno o dos años. Tus socios locales acabarán sonados con tanto cambio constante en el reparto. ¿Y tu gente? Bueno, Vindi Banga lo describe así: «El primer año no se hace nada útil, uno no sabe si va o viene; hay que aprenderlo todo —explica—, te pasas la vida en una pura confusión, estás durmiendo mientras en tu país la empresa está en marcha, y estás despierto y trabajando mientras ellos duermen.

»Para el segundo año ya empiezas a entender un poco las costumbres y los mercados locales y a entablar relaciones con quien debes. Al tercer año es cuando te pones por fin a funcionar a pleno rendimiento.»

Eso es, sí... El *tercer* año. Ahí es cuando muchos expatriados empiezan a hablar con los jefes de la central de hacer las maletas y volver a casa. Están cansados. Echan de menos a sus familias. Pero la verdad es que lo bueno no ha hecho más que empezar.

Conclusión: si tu objetivo es lograr una situación en la que todos ganen —algo que creemos que es necesario si operas globalmente—, juega más que limpio y planea a largo plazo.

Tómatelo como si contrataras un seguro contra complicaciones posteriores.

¿ESTAMOS ENVIANDO A GENTE QUE POSEA LA CUALIDAD QUE NECESITAN TENER MÁS QUE NINGUNA OTRA, EL DISCERNIMIENTO?

Algunos tópicos son tópicos porque son ciertos, incluido el de asignar a los mejores, a los más talentuosos, a los proyectos en el extranjero. Puede que estos parezcan muy glamurosos desde fuera pero, si te acercas, desde las trincheras verás que entrañan una dificultad brutal, que están plagados de peculiaridades, obstáculos y burocracia gubernamental. Sin lugar a dudas es más fácil llevar una división de 500 millones de facturación y 50 años de antigüedad en el país de origen que una *start-up* en Polonia o China. La primera va casi sola, como por raíles; la otra choca, se escora y encalla con una frecuencia alarmante.

Más aún: todo el mundo sabe lo difícil que puede llegar a ser encontrar personal para los puestos en el extranjero, sobre todo si, como mencionábamos en el punto anterior, el proyecto debería durar varios años. La gente tiene familia y amigos; tienen casas y aficiones. Tienen trayectorias profesionales a las que aspiran, y tienen miedo a que los olviden. Por eso la vieja canción de la serie *Cheers* resulta tan familiar, porque es verdad: «A veces quieres ir a un lugar donde todo el mundo sepa cómo te llamas», dice la letra de *Cheers*. No solo a veces. La mayoría de las veces.

Por eso tantas empresas acaban enviando al extranjero a empleados que no acaban de ser los idóneos. Les dan el puesto a los entusiastas, ambiciosos, aventureros, viajeros impenitentes, a los que tienen dos pasaportes, al que tiene un MBA y resulta que vivió en la India hasta los cinco años. Mandan al responsable de Recursos Humanos u Operaciones al que le quedan dos años para jubilarse y no le importaría pasarlos en una especie de vacaciones con el marido o la mujer. Y desde luego algunos, incluso muchos de estos, poseerán habilidades y capacidades muy valiosas.

Sin embargo a un buen número les falta el discernimiento, que según nos ha enseñado la experiencia, es la cualidad más importante que necesita un expatriado para ser eficaz. Sí, discernimiento es lo primero de la lista.

¿Y qué es el discernimiento? Pues, básicamente, buen juicio. O, para ser más exactos en este contexto, es la combinación de los conocimientos empresariales, la sensibilidad cultural y la sabiduría de toda la vida. Es poseer la capacidad y la confianza en uno mismo de saber cuándo presionar para que prime la voluntad y la manera de hacer las cosas de la empresa, y cuándo no por respeto a las costumbres y usos locales.

Hay dos historias de Disney que ilustran a qué nos referimos.

En la primera, la empresa estaba abriendo su primera tienda en Japón. La idea era ser Disney hasta las últimas consecuencias, creando una experiencia en tienda grandiosa, emocionante, interactiva, que empezara en la puerta de entrada con una panda de alegres relaciones públicas cuyo trabajo sería recibirte.

Los ejecutivos japoneses de Disney se resistieron con uñas y dientes a este plan. Los consumidores japoneses —explicaron— estaban acostumbrados a que se les recibiera con reverencias corteses a cierta distancia, y cualquier otro enfoque no solo resultaría incómodo por extraño —declararon— sino pura y simplemente de mala educación.

El líder de Disney desplazado sobre el terreno escuchó el mensaje pero decidió que aun así seguiría adelante con la idea del tropel de relaciones públicas recibiendo a la gente. El contacto directo, la simpatía, la interacción humana o «*high touch*» eran todas características que formaban parte del ADN de la marca Disney. Tal vez, al principio, a los clientes japoneses no les gustarían los relaciones públicas que los recibían, pero acabarían adorándolos. Y vaya si acabó siendo así. Al cabo de dos años la tienda de Disney en Tokio estaba entre las más rentables del mundo. (Y debería tomarse buena nota de que ahora muchos grandes almacenes «oriundos» de la capital japonesa tienen personal recibiendo a los clientes a la puerta.)

En contraste con lo anterior, antes de tan siquiera abrir su parque temático en Hong Kong, Disney decidió amoldarse a una importante costumbre local. Según Paul Pressler, que trabajó en Disney durante 15 años, antes de ponerse al frente de David's Bridal y es la fuente de las dos anécdotas, se trataba de una cuestión de importancia crítica: instalarse en una mesa de un restaurante dentro del parque.

En los parques de Disney de todo el mundo, los restaurantes tienen mesas de distintos tamaños y los horarios de apertura difieren de unos a otros en un buen número de horas. «Lo que descubrimos durante la fase de estudio de mercado del proyecto de Hong Kong fue que era parte de la cultura comer todos al mismo tiempo, principalmente a mediodía, y sentados todos en una mesa o en grupos muy grandes», recuerda Paul.

Una vez más, se generó un debate y había que tomar una decisión. Cómo se sentaba a comer la gente no era una cuestión fundamental en relación al ADN de Disney y, en cambio, intentar cambiar esa costumbre no iba a mejorar la experiencia Disney en nada, así que los comedores se diseñarían y se contrataría al personal necesario para ofrecer grandes mesas a mediodía. Se dio preferencia a la costumbre local.

Otro éxito. A esto es a lo que lleva el discernimiento. Es algo sutil, ya lo sabemos. Pero lo reconocerás cuando, en la toma de decisiones tanto grandes como pequeñas, lo veas aparecer en forma de buen juicio y confianza en uno mismo. Esa es la doble hélice de rasgos que se necesita para discutirle a la central cuando haga falta, o para resolver diferencias peliagudas y a menudo significativas con los directivos locales. Cuando veas ese tipo de discernimiento en acción, échales el lazo a los que den muestras de él, porque son las personas con las que a tu negocio en el extranjero tendrá la mejor oportunidad de prosperar. Esta gente puede marcar la diferencia entre el éxito y el fracaso.

¿ESTAMOS SIENDO REALISTAS RESPECTO AL RIESGO?

No hay ni que decir (bueno, más o menos, porque de hecho lo estamos diciendo) que los proyectos globales entrañan un nivel de riesgo completamente diferente para tu negocio. La primera y más evidente forma de asumir esa realidad, obviamente, es limitar tu dependencia de un país, sobre todo en lo que al aprovisionamiento respecta. Que, por cierto, es el principal motivo que llevó a David's Bridal a abrir una planta en Sri Lanka. Por muy satisfecha que la empresa estuviera (y está) con sus fabricantes chinos, «simplemente nos sentíamos demasiado expuestos», explica Paul Pressler.

La segunda manera de gestionar el riesgo global también es bastante evidente: pásate cumpliendo todas las normas imaginables. Da igual cuáles sean las reglas en el país en el que estés operando, o si allí se permite que los empleados trabajen 7 días a la semana o que las fábricas se construyan sin cimientos y cosas por el estilo. Tú debes cumplir las normas de tu país de origen, que invariablemente serán mucho más exigentes, garantizarán más seguridad y protegerán mejor a los trabajadores y el medio ambiente. Debes obsesionarte con aplicar la «mejor práctica global» en todos tus procesos. ¿Todo esto costará más? Por supuesto que sí. No importa porque, si hay un accidente, el coste humano y financiero de haber racaneado será con toda seguridad mucho mayor.

Ya debes de conocer muchas historias trágicas que ilustran perfectamente lo que queremos decir. Hay demasiadas. Cuidado.

Y, hablando de cumplir las normas, puede que llegue el día en que alguien te suelte la frase «conviene dar una propina» o «conviene pagar». ¡Ojo! Así es como empieza el soborno. Lo más probable es que te sientas muy desconcertado y es normal. Por supuesto, habrá gente del país que te diga «no te preocupes, así es como lo hacemos por aquí». Hasta puede que algunos de tus propios colegas miren para otro lado, agotados tras años de presión para mantener el pulso con la competencia. Independientemente de todo esto, permanece firme. Apártate, tápate los oídos, lo que sea, pero no tires la toalla.

Porque sí, a corto plazo, igual te quitan negocio otras empresas que «entren en el juego» pero, a largo, te verás recompensado al convertirte en el punto de referencia de la integridad. Y tu perfil de riesgo (por no hablar de tu conciencia) mejorará como consecuencia de todo ello.

Citando a Vindi Banga sobre este tema: «Basta un solo error para destruir una reputación cuidadosamente forjada en base a principios éticos durante décadas. Los líderes deben ser implacables a la hora de identificar y castigar a los culpables». Y, según añade Banda: «Más importante todavía es que se les vea ser implacables». No tiene ningún sentido castigar los sobornos en privado.

Para terminar, en lo que a la gestión del riesgo global respecta, tal vez la historia que no se cuenta con suficiente frecuencia es la de la importancia de sudar la camiseta ocupándose hasta de los detalles más nimios.

Sudar la camiseta de verdad. Porque no puedes delegar tus actividades en el extranjero a un intermediario, sobre todo en las primeras etapas. Muchas empresas comercializadoras, consultoras y similares te atraerán así: «Conocemos a la gente, las costumbres y reglas locales —te asegurarán—, deja que te ayudemos en tu expansión...» El hecho es que algunas de estas empresas e individuos pueden resultar muy útiles, pero tienes que estar presente con ellos mientras trabajan. Más bien, tienes que trabajar codo con codo con ellos.

Considera el ejemplo de Bunny Williams, la famosa decoradora que, tras cuatro décadas trabajando en solitario, en 2010 decidió lanzar una marca de muebles que incluía toda una serie de piezas fabricadas en el extranjero. ¡Eso sí que es ser emprendedora! ¡Una idea de negocio completamente nueva basada en la globalización! Evidentemente, la globalización no solo afecta a las empresas grandes. Muchos negocios pequeños operan en el extranjero y algunos, como Bunny Williams Home, que es como se llama su negocio de muebles, son un ejemplo magnífico de mejores prácticas en funcionamiento.

En la actualidad, con un negocio que va viento en popa, este es el perspicaz consejo que ofrece Bunny: «No puedes estar operando a nivel global por teléfono ni por Internet —dice—, tienes que ir allí, meterte en las fábricas, establecer las relaciones, hablar con los artesanos, plantarte allá a observar cómo trabajan, ver cómo empaquetan y embalan tus cosas, hablar con ellos sobre la logística. Nadie puede hacer todo eso mejor que tú, porque a nadie le importa tanto como a ti».

Cuando montó su negocio, Bunny se pasaba seis semanas al año visitando a sus proveedores de China y Vietnam. Y, para redondear la gestión del riesgo relacionado con calidad y entregas, además empezó enviando pedidos pequeños a todos los centros de producción, 100 piezas cada vez.

«Soy un cliente pequeño. No puedo llegar con una lista interminable de exigencias, pero sí que puedo hacer los deberes y ocuparme de todos los detalles hasta el más pequeño —explica Bunny—. ¡Y eso lleva tiempo! No podría ser de otro modo.»

Algo importante: ese tipo de inversión en tiempo no puede perder fuelle cuando todo empieza a estar en su sitio y la cosa marcha. A día de hoy, Bunny sigue visitando sus fábricas por lo menos dos veces al año y pasándose días enteros con los gerentes y hablando (a través de un intérprete) con los artesanos que hacen el trabajo. «Puede llegar a ser agotador —reconoce— y se puede llegar a pasar mucho calor.»

Pero en eso consiste ser realista con los riesgos. Junto con las grandes cuestiones evidentes, como diversificar las localizaciones y ser cumplidor de más en cuanto a la normativa, tienes que remangarte y sudar la camiseta en los detalles, a veces en sentido literal.

¿ESTAMOS APROVECHANDO PLENAMENTE LAS VENTAJAS DE NUESTRA INCURSIÓN EN EL EXTRANJERO?

Si supieras de alguien que ha visitado Nueva York para ver la Estatua de la Libertad y ha vuelto a casa sin haber ido al teatro en Broadway, pensarías que estaba loco, ¿no? Y, sin embargo, así es como conciben sus operaciones en el extranjero muchas empresas. Están en la India porque les interesa tener el centro de atención telefónica al cliente allí, pongamos por caso; o en Indonesia para fabricar zapatos. Y punto.

Eso equivale a llevar orejeras. Operar a nivel global es caro y arriesgado; puedes tardar años en conseguir ser rentable, pero más a menudo de lo que las empresas se dan cuenta, puedes lograr que la rentabilidad de una iniciativa global empiece a producirse antes expandiéndote a mercados cercanos, siempre y cuando, como decíamos antes, sea una situación en la que todos ganen. Cuando David's Bridal empezó a aprovisionarse en China, por ejemplo, el objetivo era bajar los precios y acortar los plazos de entrega a las novias en Estados Unidos. No obstante, pronto se dieron cuenta de que sus operaciones en China generaron las condiciones económicas necesarias para abrir nuevos mercados de exportación como Japón y Brasil. Efectivamente, cada vez más empresas están utilizando sus operaciones en el extranjero como sedes para vender a nivel global los productos de los que se abastecen fuera.

Otra forma de aprovechar plenamente tus operaciones globales es capitalizar lo que te ofrecen en términos de innovación.

Sí, innovación. Todos los mercados extranjeros en los que operas son laboratorios de innovación. Bunny Williams, por ejemplo, durante una visita a su fábrica en Vietnam reparó en un lacado que aplicaban los artesanos al producto local. «Era precioso, así que cuando volví a casa diseñé una línea nueva de muebles lacados para que me la produjeran ellos —cuenta—. Ha tenido un éxito tremendo.» De manera parecida, cuando Unilever empezó a vender champú en Asia, cayó enseguida en la cuenta de que la mayoría de los consumidores no tenía dinero para comprarse un bote entero de una vez. La empresa respondió creando paquetes monodosis que se podían vender por unos céntimos. Unilever lo podía haber dejado ahí, pero la idea tenía un potencial claro en otros mercados también y enseguida replicaron el lanzamiento por todo el mundo, cosechando un gran éxito.

Conclusión: los mercados globales no sirven únicamente para exportar o aprovisionarse. También son para aprender e innovar.

Perder esa oportunidad es perderse la mitad de la diversión (y el valor) de globalizarse.

Como decíamos al principio, sabemos que hay disponibles por ahí montañas de información sobre cómo operar a nivel global. Los expertos opinan. Los catedráticos se pronuncian. Los veteranos de los mercados extranjeros tienen un sinfín de historias que contar. Seguramente, ninguno de todos estos consejos, incluidos los nuestros, conseguirá jamás que la globalización resulte menos complicada. ¡¿Cómo iban a hacerlo, si hasta los negocios en el propio país son ya bastante complicados?!

Ahora bien, sí creemos que las cuatro preguntas planteadas aquí apuntan a los aspectos muy realistas y por tanto relevantes de cómo abordar la globalización con éxito. Hacer que toda asociación empresarial sea del tipo en que todos ganan. De entre tu gente, enviar para allá solo a los que rezumen discernimiento. Sudar la camiseta en lo que al riesgo respecta. Y dejar de pensar en tus operaciones en el extranjero como operaciones en el extranjero. Son puestos fronterizos para expandirte e innovar.

Y luego, además de todo esto, ponle pasión. Si se hace bien, la globalización puede dar grandes satisfacciones, tanto para la línea de beneficio del balance de la empresa como para su cerebro colectivo.

Algo bien sencillo con lo que entusiasmarse.

5

Fuera el miedo a las finanzas

Si trabajas en Wall Street o te pasas el día en las salas de conferencia y los despachos donde se cuecen las finanzas corporativas, o si a lo largo de tu carrera has acabado haciéndote con un título en contabilidad y un certificado oficial de tipo CFA, este capítulo no es para ti.

Este capítulo es para gente del mundo de los negocios que encara las finanzas con miedo y tal vez incluso odio.

Hola a todos, sois un ejército. Y además no lo forman solo recién llegados a los negocios. A juzgar por lo que hemos ido oyendo por ahí una y otra vez, las finanzas también generan una cierta sensación de pánico en los corazones de bastante gente que ya tienen muchos tiros pegados en el mundo empresarial.

Dejemos claro que con finanzas no nos referimos a los rudimentos más básicos. Conceptos como facturación, gastos, ingresos netos, etc., son suficientemente sencillos como para que casi todo el mundo los aprenda sin problema a fuerza de usarlos. Es más, casi toda la gente con más de uno o dos años de experiencia en los negocios entiende qué números impulsan el rendimiento de su división o unidad. Para la gente de producción, podría ser la rotación de inventario y el coste unitario. Para los de marketing, tal vez sea cerrar una nueva cuenta, la retención de clientes y el crecimiento de las ventas. Para los responsables de atención telefónica al cliente podría ser el tiempo que se tarda en responder a una llamada, el número de llamadas interrumpidas o la retención de clientes.

No, cuando hablamos de miedo a las finanzas nos referimos a sentir el estómago ligeramente revuelto antes de presentar el presupuesto a los jefes, o preocuparte de que no eres lo suficientemente bueno en matemáticas como para llegar jamás a comprender *realmente* lo que significan todos esos datos en las presentaciones de Power Point. O te pierdes en las reuniones con directores financieros, controllers y similares cuando empiezan a soltar acrónimos a diestro y siniestro, y vaya si los sueltan: TIR, EBIT, EBITDA, bla, bla, bla, bla...

Básicamente, a ti las finanzas te suenan a idioma de un país en el que nunca has vivido.

Nuestro objetivo con este capítulo es arreglar ese «problema». Pero que quede claro que no estamos prometiendo convertirte en un experto de un plumazo, en absoluto. Las finanzas, como cualquier otra función dentro de la empresa, son un campo que abarca infinidad de matices y contenidos y puede llevar años llegar a dominarlo. Pero, ¿sabes?, no se necesita hablar perfectamente francés para pasarlo de maravilla en París, te basta con conocer los términos esenciales para moverte por allí y los monumentos que son de visita obligada, y la combinación de esos conocimientos puede convertirte, de turista despistado en visitante bien informado.

Lo mismo puede decirse de las finanzas. Hay términos con los que tienes que estar familiarizado: flujo de caja, para empezar; más los epígrafes de un balance y una cuenta de resultados. Pero, más que nada, necesitas un mapa mental, una actitud si se quiere, que diga: «En lo que a finanzas se refiere, tengo un interés principal, y es el análisis de varianza».

¡Cómo nos gusta el análisis de varianza!: comparar números clave mes a mes, o año a año, o compararlos con los planificados, para ver lo que funciona y lo que no en la organización. Nos encanta el análisis de varianza cuando se está considerando una adquisición, que se utilice para verificar las asunciones que subyacen a las proyecciones. Nos encanta durante las sesiones de planificación a largo, cuando el análisis de varianza es el motor de preguntas como «¿qué os hace pensar que la competencia se quedará de brazos cruzados mientras nosotros ganamos cuota de mercado?» Confiamos en que, al final de este capítulo a ti también te acabará encantando el análisis de varianza. Porque el análisis de varianza es el ingrediente «eureka» de las finanzas, lo que hace que te pique la curiosidad de indagar en los números, investigarlos en profundidad, debatir su significado y valorar las puertas que abren y cierran. Es la parte de las finanzas que te impulsa a entender «los números» como y por lo que son: un medio para tomar mejores decisiones de negocio.

El análisis de varianza es, si lo vinculamos al concepto de liderazgo del Capítulo 1, la parte de las finanzas *que busca la verdad*. Es el debate que, más que cualquier otro, revela el mundo real y todas sus posibilidades, riesgos y complejidades. Es un foco de luz y un microscopio al mismo tiempo, una superherramienta tan útil que lo único que debería darte miedo es lo que te perderás si no la usas.

¿CÓMO ESTAMOS DE SALUD?

Antes de pasar a los epígrafes de las cuentas y el análisis de varianza, tomemos un pequeño desvío para tratar un tema relacionado.

La gente nos pregunta con bastante frecuencia: «Como directivo, ¿a qué número debería dar más importancia?» O, dicho de otra manera: «¿Qué ratio financiero me ofrece la mejor lectura de la salud general de la organización?» A veces esta pregunta va seguida de una posible respuesta: «¿Es el retorno sobre la inversión (ROI en sus siglas en inglés) o el retorno sobre las ventas (ROS en sus siglas en inglés)? —nos preguntan a menudo— ¿O es lo que llaman la «prueba de fuego?» Etcétera, etcétera.

¡Ojalá el buen estado de un negocio pudiera reducirse a una cifra!

No es posible, claro está, pero si estás a cargo de un negocio, ya sea una tienda de barrio o una multinacional con infinidad de productos, diríamos que hay tres indicadores que resultan muy útiles: la implicación de los empleados y la satisfacción de los clientes —ninguno de estos dos es técnicamente hablando un indicador financiero— y el flujo de caja, que sí que lo es.

Hablemos primero de la implicación de los empleados. No hay ni que decir que a la larga ninguna empresa, pequeña o grande, puede ganar la partida sin empleados llenos de energía que crean en la misión y comprendan cómo se consigue. Por eso una empresa necesita medir la implicación de los empleados por lo menos una vez al año a través de una encuesta anónima en la que la gente sienta que puede decir lo que piensa con total libertad.

Pero cuidado. Si puedes influir en cómo será esa encuesta, no permitas que caiga en la típica trampa de convertirse en un cuestionario sobre minucias como si la comida de la cantina es más o menos sabrosa, o las plazas de aparcamiento que hay disponibles. Las encuestas más útiles son las que exploran a fondo cómo se sienten los empleados en relación a la dirección estratégica de la empresa y la calidad de las oportunidades que se les plantean para su carrera profesional. Son encuestas que plantean preguntas como estas: ¿Sientes que le importas a la empresa y que se te ofrece la oportunidad de crecer? ¿Sientes que tu trabajo diario está relacionado con lo que los líderes de la empresa dicen en sus discursos y en la memoria anual? Básicamente, las mejores encuestas entre empleados van a una pregunta clave: ¿Cómo de alineados estamos?

Como ya apuntábamos en el Capítulo 3, el crecimiento es vital para la viabilidad a largo plazo de cualquier empresa, que es el motivo por el que la satisfacción de los clientes es el segundo indicador vital más importante. Creemos que esta variable se mide de manera óptima con visitas directas y no solo a los clientes «buenos». Los directivos tienen que visitar a los clientes con un historial de pedidos inconsistente o menguante, a los que a la fuerza de ventas no les gusta visitar. Y, además, hay que hacer que las visitas giren en torno a qué se puede aprender. Ingéniatelas para preguntar de diez maneras diferentes «¿qué podemos mejorar?»

Además de las visitas también recomendamos utilizar Net Promoter Score (NPS), el sistema de medición de la satisfacción del cliente ideado por el consultor Fred Reichheld. El NPS se centra en la pregunta «¿qué probabilidad hay de que recomiendes nuestra empresa, producto o servicio a un amigo o colega?» Se dice que Apple y Amazon, dos de las marcas favoritas de los clientes en general, tienen unas puntuaciones del NPS de en torno al 70 sobre 100, mientras que el sector casi monopolístico de la televisión por cable en su conjunto se dice que se sitúa en torno al 30.

El NPS es un método fantástico para recabar información en bruto de los clientes, pero es que además hemos descubierto que tiene un beneficio secundario fantástico: nosotros utilizamos el NPS todos los trimestres para medir la satisfacción de los estudiantes de nuestro MBA. Su vertiente «boletín de notas» proporciona una hoja de ruta compuesta por jugosos comentarios cualitativos que verdaderamente motiva a nuestro equipo como nada y, por suerte, además les da una excusa para celebrar también. Resulta que el NPS mide la satisfacción del cliente pero, al mismo tiempo, cuando los líderes lo usan para abordar rápidamente las preocupaciones de los clientes, también incrementa la implicación de los empleados. Cumple una doble función.

Por último, cuando se habla de tomarle el pulso a la empresa, está el indicador del flujo de caja que, como comentábamos, también es un término que tienes que conocer obligatoriamente si quieres llegar a sentirte cómodo con las finanzas.

La buena noticia es que la caja es un concepto de lo más sencillo.

Todas las empresas hacen un seguimiento del dinero de tres maneras: el flujo de caja de operaciones es el dinero que fluye como resultado de las actividades habituales del negocio, básicamente los ingresos menos todos los gastos. El flujo de caja de las actividades de inversión, por su parte, principalmente refleja los principales activos que una empresa ha comprado o vendido, así como las ganancias o pérdidas en los mercados financieros. Y, por último, el flujo de caja de las actividades de financiación representa la posición neta de la empresa en función de nuevos fondos propios, dividendos en metálico y cambios en su nivel de endeudamiento.

Lo principal en relación al flujo de caja es saber que, sencillamente, no miente. Te dice en números puros y duros, cuánto dinero salió, cuánto entró y cuánto tienes. Por eso a muchos directivos e inversores les gusta más este indicador que los ingresos netos como medida de la rentabilidad. Los ingresos netos salen de la cuenta de pérdidas y ganancias, que incorpora asunciones y juicios. El flujo libre de caja, por su parte, te da una idea de la maniobrabilidad de tu empresa: de si puedes pagar con dinero en metálico a los accionistas, cancelar deuda, tomar prestado más dinero para crecer más rápido o cualquier combinación de estas tres opciones. El flujo de caja te ayuda a entender y controlar tu destino.

Ahora bien, por descontado que existen muchas maneras de tomarle el pulso a un negocio. Nos gustan estas tres porque apuntan en la dirección correcta. Te darán una buena idea de la salud de la que goza tu negocio.

Pero no bastan. No bastan para acudir con confianza a reuniones en las que lo principal son los números, el tipo de reuniones a las que te convocan para presentar tu presupuesto, pongamos por caso, o proponer una inversión a tu jefe o al consejo, o incluso a otros colegas. Y tampoco bastan para acudir con confianza a una reunión que has convocado tú, en la que te hacen las presentaciones a ti y necesitas valorar un presupuesto o una inversión.

Porque es ahí, en las reuniones, donde se tratan gran parte de los temas financieros, ¿verdad? En torno a mesas donde todo el mundo está concentrado mirando montañas de gráficos, cálculos y documentos pro-forma, y hay un desfile de presentaciones en Power Point una tras otra. Para esas sesiones no puedes limitarte a ser un mero espectador. Necesitas meterte en harina. Y puedes.

TODO SE EQUILIBRA EN EL BALANCE

Todas las empresas tienen un balance pero, a no ser que trabajes en una organización pequeña o una *start-up* donde la caja es lo que define el juego, podrías pasarte la carrera entera sin pensar demasiado en el tema. Es comprensible, ya que el balance interesa sobre todo a las personas de la empresa que se ocupan de la situación financiera de la organización, a los que están pensando en pedir fondos prestados en los mercados o aprobar inversiones, por ejemplo, para construir una planta nueva o lanzar una nueva línea de negocio. Si tu empresa cotiza en bolsa, el balance también interesa a los analistas financieros e inversores que se están preguntando, entre otras cosas: «Mmmm... ¿tiene la empresa la liquidez suficiente como para hacer todo lo que dice que va a hacer?»

Para explicarlo brevemente —muy brevemente—: el balance resume los activos de una empresa, sus pasivos y los fondos propios y, al hacerlo, proporciona una foto de lo que la empresa tiene y debe, además de las cantidades invertidas en ella por individuos y mercados. Se llama balance porque, bueno, porque hay un balance, un equilibrio. En la sección izquierda se recogen los activos de la empresa. En la de la derecha, el pasivo y los fondos propios.

Los activos pueden ser de todo tipo, dependiendo de la clase de negocio. Los sospechosos habituales, sin embargo, son los fondos en metálico, deudores, materias primas, edificios, fábricas, inventario e inmuebles. También se habla de activos «intangibles» porque, por lo general, no los ves, ni los tocas ni te puedes sentar en ellos, aunque pueden ser muy importantes para algunas empresas, como es el caso del fondo de comercio, patentes, licencias y derechos de autor.

¿Y el pasivo? En términos que todo el mundo pueda entender, digamos que son las deudas, lo que la empresa debe a terceros, tanto a corto como a largo plazo. Los fondos propios son el dinero invertido en la empresa por el o los propietarios de esta, los mercados, o ambos.

Ya está.

En serio, ya está. Simplemente hay que saber que el balance es la foto de la «flexibilidad» financiera de la empresa en un momento dado en el tiempo. Para la gente que esté leyendo este capítulo —o sea los que les tienen miedo y odio a las finanzas—, eso es lo principal que hay que saber sobre el tema.

Y, seguramente, salvo que desees en secreto convertirte en el próximo director financiero de la compañía, es cuanto te hace falta saber.

BIENVENIDOS A LA TRASTIENDA

La cuenta de resultados es otra historia completamente diferente. En vez de mostrar la liquidez, lo que refleja es la rentabilidad. O, siendo un poco más específicos, informa sobre cuánto se vende, cuánto cuesta crear esas ventas, y qué queda cuando se ha hecho y dicho todo lo que se hace y dice en la empresa.

La cuenta de resultados es una visita a la trastienda.

Y, ¿sabes qué? Nadie que esté en el mundo de los negocios puede eludirla. Claro, si ocupas un puesto básico de nivel de entrada o eres contribuidor independiente de varias empresas y la cuenta de resultados seguramente no influirá (se inmiscuirá) en tus actividades cotidianas. Pero puedes estar seguro de dos cosas: la cuenta de resultados tiene un impacto sobre la vida de tu jefe y, algún día, si tu carrera avanza, inevitablemente tendrá un impacto sobre la tuya también.

Vamos a ver el caso de... llamémosla Mary (máster en química y también un MBA), que durante años trabajó para una multinacional de gran consumo como perfumista. Tras liderar con éxito a varios equipos y dar muestras de verdadero ingenio a la hora de sugerir conceptos publicitarios para nuevas fragancias, la ascendieron a directora general de otra división de fragancias en el ámbito del gran consumo.

Antes de su ascenso —iba a sustituir a un ejecutivo al que habían echado de la empresa—, Mary tenía un montón de ideas sobre posibles cambios, incluso desde la distancia. Por ejemplo, lanzar una fragancia para embarazadas era una de sus ideas favoritas. Además también tenía muy claro qué perfumistas de su nueva división tendrían que marcharse porque sus narices habían «caducado» y le había echado el ojo a un perfumista externo que le parecía que debían contratar.

¡Ay, sí! Todo eso fue antes de su primera reunión con el equipo que había heredado para hablar del presupuesto anual de la división y los planes a más largo plazo.

Podría hasta decirse que todas esas ideas eran de antes de que a Mary le diera un ataque al corazón.

No uno real, claro está, pero sí un infarto del tipo que te da cuando eres jefe y miras los números, como hizo Mary el primer día de ocupar un puesto con responsabilidad por la cuenta de pérdidas y ganancias, y ves que el coste de marketing de tu unidad lleva subiendo un 5% anual desde hace tres años mientras que los ingresos se han mantenido planos durante el mismo periodo. La guinda fue ver que su predecesor había dejado unas proyecciones en esa misma línea para los siguientes tres años.

«Bueno, ahora veo por qué ya no está —pensó Mary el primer día—, pero, ¿en qué lío me he metido?»

Se había metido, como hacen todos los directivos en definitiva, en medio de una historia. Efectivamente, la cuenta de resultados es una historia. A veces una para no dormir. A veces un relato inquietante. En otras ocasiones, la historia es motivo de abrir el champán y ponerse a planear grandes cosas. En cualquier caso, la cuenta de resultados te dice mucho. Sobre las renuncias que ha venido haciendo la empresa y sobre qué tal va el negocio.

Es una historia sobre el pasado y el presente y, lo que es más importante, es una invitación a conversar sobre el futuro.

Una gran conversación importante, emocionante, que busca la verdad.

TODO ES RELATIVO

Si solo te quedas con un concepto de este capítulo, que sea por favor el siguiente: con los números, no se trata solo de calcularlos sino también de compararlos. Y, en la medida en que se haga, se trata de que den pie a conversaciones sobre *la varianza*.

Entonces, ¿qué es exactamente la varianza?

Puede entenderse como la diferencia entre los resultados que esperabas conforme al «plan» y los resultados obtenidos en la vida real, algo tipo «¿qué está pasando? El trimestre pasado, se nos han ido totalmente los costes de materias primas».

Puede haber disparidades entre los resultados obtenidos en el pasado y los resultados proyectados para el futuro del tipo «¡Vaya, según la proyección de ventas del pobre producto X, que ya es una vieja gloria, se va a vender como churros en los próximos dos años, pero ¿qué es lo que hace pensar que vaya a ser el caso?»

La varianza puede ser —literalmente— cualquier cambio que se observe en los estados financieros —de subida o de bajada— que te deje perplejo o preocupado o que despierte tu curiosidad lo suficiente como para preguntar «¿por qué?»

Cada directivo tiene sus cálculos financieros o ratios favoritos de los que le gusta hacer un seguimiento para detectar posibles variaciones. Tiene sentido ya que, con tiempo y experiencia en determinado sector o negocio, llegas a identificar las tendencias que con más probabilidad anuncian buenas noticias o alertan tempranamente sobre todo lo contrario. Ni que decir que la frecuencia con la que consultes el estado de tus varianzas «favoritas» está relacionada con la naturaleza del negocio: ciclo corto o largo; sector tecnológico, industrial o de servicios... Los equipos directivos de McDonald's y Burger King consultan los ingresos todos los días mientras que los directivos de negocios de ciclo largo, como, por ejemplo, los fabricantes de turbinas para centrales eléctricas o aviones, suelen analizar en profundidad la varianza con una frecuencia mensual o trimestral.

Ahora bien, con objeto más que nada de darte opciones a considerar, nos ha parecido que podíamos mencionar unas cuantas varianzas que según nuestra experiencia y estimaciones, han demostrado ser de gran utilidad a lo largo de las décadas.

Las ventas y los ingresos netos siempre son los números más importantes a seguir, pero la verdad es que, para cuando los ves, en algunos negocios la historia que te cuentan ya es pasado y, a la hora de predecir el futuro, su utilidad es limitada. Los pedidos y los salarios de empleados, en cambio, se las ingenian para dar una idea de las ventas y los costes futuros. Un aumento significativo en la tasa de pedidos es una buena noticia, pero casi seguro que indica que la producción y los costes generales van a tener que ajustarse. Por otro lado, los salarios de empleados por función —que se pueden seguir mensualmente, trimestralmente o anualmente— te muestran de forma clara qué partes de la organización están contratando, para que te pongas a averiguar por qué. ¿Hay un programa nuevo? ¿O tal vez hay alguien muy ocupado por ahí construyendo un imperio? Cuando menos, esta cifra es un buen indicador de cambios futuros en la estructura de costes.

Las varianzas trimestrales en el porcentaje del margen de explotación y en el cociente de rotación del capital circulante son excelentes indicadores, en nuestra opinión, de la evolución de la eficacia de una organización. Obviamente, la idea es que estos números sean altos y con sólida tendencia al alza.

A largo plazo, nos gusta vigilar de cerca el retorno sobre la inversión o ROI y la cuota de mercado. Incrementar el primero pone contentos a los inversores —y así debería ser— y el segundo refleja la satisfacción de los clientes, otro indicador que hemos elogiado anteriormente.

Una vez más, hablamos de estas cifras porque en nuestra experiencia resultan útiles pero, en cualquier caso, la idea más general es que, si no eres de finanzas pero estás «trabajando» las finanzas, el análisis de varianza es a lo que tienes que ir. Y eso, tanto si estás en una pequeña reunión informal considerando una inversión, en una reunión formal de presupuestos, o en una sesión de planificación a largo en la que todo vale.

Siempre, siempre céntrate en las varianzas. Utilízalas para extraer la verdad que hay tras las asunciones, esperanzas, miedos e intenciones de las personas.

PREGUNTA E INDAGA

Volvamos un instante a Mary, la directora general del negocio de perfumería. Como recordarás, el primer contacto de Mary con los estados financieros de su división se saldó con una historia preocupante de costes de marketing en continuo ascenso e ingresos estancados.

Su reacción fue perfecta. Reunió al equipo, reservó su sala de reuniones durante todo un día y se puso a indagar con pico y pala. Este no deja de ser el término «técnico» que describe en qué consiste el análisis de varianza también, en indagar con pico y pala: vas analizando los números uno a uno, repasas cómo se ha llegado hasta cada uno de ellos, cuestionas cómo se han obtenido y por qué, entras en un debate sobre hacia dónde se pretende ir con ellos y cómo puede hacerse, y, en general, preguntas y preguntas y preguntas; indagas, indagas, indagas.

En el caso de Mary —y no es ninguna sorpresa— la conversación viró rápidamente hacia los costes crecientes de marketing de la división y los asistentes a la reunión no tardaron en empezar a echar la culpa a su antiguo jefe y, más concretamente, a su proyecto favorito de presencia en las redes sociales.

—Se suponía que debía recuperar la inversión en dieciocho meses —informó con tono burlón el director financiero—, pero aquí seguimos... esperando.

—Bueno, ¿de quién es el proyecto ahora? —replicó Mary—. Sigue en el presupuesto, así que, ¿quién va a medir su eficacia?

La respuesta resultó ser que nadie. Mary reunió inmediatamente a un «grupo de operaciones especiales», incluidos algunos de los asistentes a la reunión, para establecer si la campaña en las redes sociales merecía vivir o morir, o si había que modificarla.

Pero, lo más importante de todo fue que aquella revelación de que la campaña en las redes sociales estaba en definitiva huérfana, suscitó un debate riguroso de horas sobre el presupuesto de marketing y la dirección estratégica de la división en general. Si no continuaban con el proyecto de las redes sociales —preguntó Mary—, ¿dónde deberían gastarse los dólares que se ahorraran allí? ¿Deberían volver a invertirlos en publicidad más tradicional en revistas o redirigir los fondos hacia I+D para crear nuevos productos? «¿Y si no hiciéramos ni lo uno ni lo otro? —aventuró alguien—. Nuestro espacio es el de las fragancias de los famosos, así que o conseguimos nombres importantes de verdad o morimos.»

Digamos que no todo el mundo estuvo de acuerdo con esa afirmación, pero Mary se aseguró de que todo el mundo pudiera dar su opinión. Una vez más, esa es una tarea inherente al análisis de varianzas, buscar la verdad desde todos los puntos de vista.

Mary y su equipo también profundizaron en por qué los gastos de ventas, generales y administrativos o VGA estaban subiendo. «¿De verdad hacen falta ocho personas en Recursos Humanos?», le dijo al responsable del departamento en cuestión quien, poco acostumbrado a este tipo de pregunta tan directa respondió con un ofendido: «¡¿Perdón???!» Pero el tira y afloja que siguió provocó una conversación muy productiva sobre el papel de Recursos Humanos a la hora de identificar, desarrollar y retener los mejores talentos, sobre el hecho de que había quien sentía que eso no era lo que estaba haciendo el departamento, y sobre si este sería capaz de hacerlo mejor con la mitad de personal pero gente con más talento.

Por último, pero igualmente muy importante, el análisis de varianza de aquel día llevó a un acalorado debate sobre fuentes de ingresos no explotadas. «Si echamos la vista atrás, vemos que los mejores datos de crecimiento han sido de un 3-4 % interanual —comentó Mary al equipo—, así que ese tiene que ser nuestro objetivo para el año que viene y, de cara al futuro, os pido que penséis en ideas atrevidas para doblar ese crecimiento en tres años. En nuestra próxima reunión, hablemos de lo que hay que hacer el año que viene para conseguirlo e identifiquemos los obstáculos que podrían hacer que ese reto se volviera imposible.»

Bueno, este tipo de conversación suele ser polémico y el riguroso debate que se desata puede resultar incómodo. Pero está bien que así sea. En realidad, está más que bien. La búsqueda de la verdad rara vez adopta la forma de pasarse el día en la piscina, piña colada en mano.

Tal vez por eso el análisis de varianza hace que los negocios se vuelvan mejores y más inteligentes. Porque mantiene el alineamiento. ¿Es un proceso lioso? Desde luego que puede serlo.

Y, si no lo es, siéntete libre de hacer que lo sea.

En resumidas cuentas:

No hace falta que seas un mago de las finanzas —no hace falta ni tan siquiera que sepas demasiado de números— para «trabajar» las finanzas. Fundamentalmente, lo que necesitas es tener curiosidad, una curiosidad perenne sobre las varianzas que te indican cómo va el negocio, hacia dónde va, por qué y a qué velocidad.

Las finanzas no consisten en seguir el ritmo a los tecnócratas que lanzan constantemente acrónimos a diestro y siniestro en las reuniones. Consiste en ser capaz de utilizar los números para obtener la verdad.

Porque la verdad te hará libre... de tomar buenas decisiones de negocio.

Decisiones basadas en asunciones sólidas, decisiones que han considerado todas las opciones, decisiones que han mirado en los rincones y debajo de las camas.

Sea cual sea tu papel en la organización, ya sea en primera línea del equipo de ventas, en producción o en Recursos Humanos, tomar buenas decisiones de negocio forma parte de tu trabajo.

En ese sentido, no hay que tener miedo a los números.

Con el análisis de varianza, hasta puede que se conviertan en tus amigos.

6

Entender el marketing

El año exacto no importa en realidad, pero digamos que hace un par de décadas uno de nosotros estudió en una escuela de negocios y que el primer día de clase, la primera clase de todas, fue marketing: el caso iba de las mantas de mezcla de algodón Fieldcrest.

La cuestión es que las mantas de mezcla de algodón Fieldcrest no han cambiado demasiado desde entonces.

El marketing, en cambio, ha cambiado. Y mucho.

Estamos hablando más concretamente del marketing dirigido al consumidor final, que se ha vuelto mucho más digital, más global, más social, más móvil, experiencial, hiperpersonalizado, nativo, humano. Y podríamos seguir y seguir...

Gracias a un torrente constante de avances tecnológicos y descubrimientos en el ámbito del comportamiento de los consumidores, el mundo feliz del marketing cada día es más feliz, motivo por el que este capítulo no se centra solamente en las fronteras del marketing sino también en sus pilares fundamentales. Nuestro objetivo no es convertirte en una autoridad en materia de marketing. Solo el tiempo y la experiencia (y seguramente unos cuantos errores por el camino) pueden lograr algo así. Pero, con este capítulo, sí que confiamos en darte la perspectiva necesaria para plantear las preguntas de marketing correctas, sea cual sea tu papel en la organización o el tipo de negocio en que estés. Nuestro objetivo es darte voz —y voto— en la esfera del marketing.

Mira, ya sabemos que, como ocurre con las finanzas, en la actualidad el marketing puede parecer abrumador y hasta misterioso a veces, plagado de terminologías y acrónimos lanzados al aire sin parar por un ejército cada vez más nutrido de gurús digitales que parecen ser los que llevan la voz cantante ahora. Seguro que los has oído pregonar a los cuatro vientos sus «rompedores» hallazgos y promesas «en base a los datos». Nuestra experiencia es que algunos de estos autoproclamados expertos son muy inteligentes; saben algo importante. Pero muchos de ellos también hacen que el marketing parezca hoy una especie de exótico bazar con una echadora de cartas o un encantador de serpientes diferente en cada puesto tratando de venderte una receta mágica para el ROI.

Al mismo tiempo que la revolución tecnológica del marketing, también se están produciendo cambios en el consumidor: ahora más sofisticado que nunca y con un periodo de atención cada vez más breve, e incluso más inmune a los mensajes de marketing. Por ejemplo: los estudios que siguen el movimiento de los ojos indican que muchos consumidores han desarrollado «ceguera publicitaria» y, mientras navegan por páginas web, ni siquiera *miran* a las zonas de la página donde creen que puedan aparecer publicidad o promociones. De manera parecida, los estudios indican claramente que los consumidores se fían de las recomendaciones de sus contactos en las redes sociales y de las páginas de reseñas mucho más que de cualquier otra información que puedan identificar fácilmente como contenidos de marketing confeccionados por la empresa que vende.

¿Cómo no se va a reinventar el marketing constantemente? No le queda otra.

Pero nuestro mensaje es este: no puedes permitir que las cacofonías resultantes del incesante guirigay del marketing te distraigan de lo que es el marketing en esencia: el producto adecuado, en el lugar adecuado, al precio adecuado, con el mensaje adecuado, ofrecido por el equipo adecuado.

Lo que siempre ha sido.

AMPLIAMENTE PROBADO... Y SIGUE SIENDO CIERTO

Normalmente nos gusta mantenernos al margen de nociones académicas ya que son —precisamente— eso, demasiado académicas. Pero en este caso vamos a hacer una excepción. El esquema de las «Cinco P», desarrollado en un primer momento por el catedrático de la Universidad de Michigan E. Jerome McCarthy en 1960, sigue siendo una forma muy útil y fácilmente aplicable de explorar el marketing dirigido al consumidor, que seguramente es el motivo por el que tantos programas de MBA lo han mantenido, incluido el nuestro. (Por cierto, el esquema original de McCarthy tenía 4 P y otros académicos lo ampliaron a 5 en décadas posteriores. Además, más adelante, en este mismo capítulo, nos apartaremos de las 5 P del marketing dirigido al consumidor para hablar de los principios que operan en el tema separado pero relacionado del marketing entre empresas.)

De manera muy resumida, el esquema de las 5 P establece que un marketing de consumidor eficaz es una cuestión de tomar las decisiones adecuadas sobre tu *producto*, su *plaza* (canales de distribución), su precio, su mensaje *promocional* y por fin sus *personas*, es decir, la organización que lo respalda.

Ahora bien, habida cuenta de todos los cambios en la tecnología y el comportamiento del consumidor que acabamos de mencionar, no es sorprendente que la conversación sobre muchas de las cinco P haya cambiado también de manera significativa desde los tiempos de McCarthy.

En lo que a la primera P, producto, respecta, no es el caso.

Porque el hecho es que un gran producto siempre ha sido y probablemente siempre será la baza de marketing definitiva, incluso con la llegada de los big data o megadatos, las redes sociales, el posicionamiento optimizado en motores de búsqueda o SEO y la transparencia de precios. Incluso con los anuncios de cerveza de Oscar durante la retransmisión de la Super Bowl. El hecho sigue siendo que la *killer app* o aplicación definitiva de marketing es un producto atractivo que mejore de algún modo la vida de los clientes. Siempre va a ser así. Por supuesto que una empresa puede promover a muerte un producto que no llega a los mínimos establecidos, pero ese tipo de esfuerzo va a ser costoso y, con el tiempo, insostenible.

No se puede mantener a flote un producto flojo por tiempo indefinido.

Lo único que sí se puede hacer es crear una sensación de «lo quiero». Por eso, sea cual sea tu tipo de negocio, el mejor marketing empieza siempre en I+D o su equivalente. Comienza con la mejora continua de los productos actuales, o la invención de nuevos productos irresistibles y emocionantes, con características y beneficios que de verdad interesen.

Todo esto era cierto en 1960. Es cierto hoy. Y será cierto en 2060.

Desde luego, si hablamos de la primera P, la única verdadera novedad que deben considerar las empresas es que el mercado es mucho más amplio y está más abarrotado que nunca. Las mantas Fieldcrest solían enfrentarse a tres competidores, todos fabricantes estadounidenses. En la actualidad, Fieldcrest tiene cientos de competidores, muchos globales, que venden sus productos a través de un amplio abanico de plataformas, tanto en línea como fuera de línea.

La proliferación de productos y canales tiene una implicación fundamental para el marketing orientado al consumidor que está relacionada con el coste de salirse del montón, un proceso que también se conoce como «empuje» o *push*. Una competencia cada vez mayor hace que empujar resulte cada vez más difícil y más caro, que es por lo que atraer o *pull*, captar a los consumidores por medio de las características, beneficios e historia de marca del producto, es tan importante ahora.

Así que si alguna vez te encuentras en una reunión —y pasa mucho— donde la gente se está peleando por los detalles de los planes de marketing y discutiendo sobre las ventajas de un sinfín de enfoques, no olvides el valor que tiene «ascender a 3.000 metros» y desde allí preguntar lo que de verdad interesa: ¿Estamos vendiendo un producto flojo o un producto «lo quiero»?

¿El material que movemos es bueno o fenomenal?

¿Estamos empujando tanto porque no tenemos manera de atraer?

Incluso si la respuesta a cualquiera de estas preguntas es preocupante, puedes lanzar tu programa de marketing de todos modos, pero ten por seguro que tú y tu equipo pronto estaréis de vuelta al principio, hablando de la primera P, porque no hay otra.

UBICACIÓN, UBICACIÓN, UBICACIÓN

Hace relativamente poco, una hija nuestra se mudó a Los Angeles por trabajo y nos dimos cuenta (bueno, uno de nosotros se dio cuenta) de que a su apartamento le iría muy bien una alfombra como regalo de inauguración de la casa. Así que, en nuestra siguiente visita, un día ella se fue al trabajo y nosotros de compras.

Fácil, ¿verdad? De eso nada. Resulta que hay como 30 tiendas distintas donde comprar una alfombra chula, a buen precio, cerca de su apartamento de LA, y unas 300 para comprar lo mismo en línea. Nos agobiamos tanto con el sinfín de opciones que estuvimos a punto de tirar la toalla hasta que encontramos una tienda a unos ocho kilómetros que anunciaba que igualaría el precio de Internet de cualquier alfombra igual o equiparable a una de las suyas. Efectivamente lo hacían, así que le compramos una alfombra pero, justo antes de marcharnos, le preguntamos al vendedor:

—¿Cómo ganáis dinero así?

Lanzó un suspiro y respondió:

—A veces no ganamos dinero...

Sugerimos que no te olvides de esta historia —y todas las historias similares que conoces porque las has vivido— cuando en tu organización la conversación se centre en la selección de canal de distribución, es decir, la segunda P, la plaza. Obviamente hay excepciones, como cuando Apple saca un teléfono nuevo o abre un nuevo restaurante de moda, o sale una película nueva de *El señor de los anillos*. En esos casos, sí: los consumidores esperarán durante horas y pagarán lo que haga falta, sin preguntas. Pero, por lo general, los consumidores han llegado a un punto en que sus expectativas son muy altas. Quieren exactamente lo que quieren cuando lo quieren —o sea, rápido— y lo quieren al menor precio posible.

Aviso: eso no significa que tengas que responder a esas expectativas.

Solo debes hacerlo si aportará algún valor a tu organización.

Suena bastante evidente, ¿no? Y, sin embargo, en el fragor de la batalla, cuando ves cómo tu competencia inunda con sus productos todos los canales de distribución conocidos, es igualmente fácil empezar a pensar que tienes que estar en todas partes con tu producto tú también, solo para mantenerte a flote.

Ciertamente, en ocasiones es así. A veces tienes que vender el producto a coste, o incluso con pérdidas, para mantener el reconocimiento de marca o para contentar a un distribuidor importante, pero lo que nos ha enseñado la experiencia es que son casos raros y, cuando se dan, a menudo es porque la gente de marketing tiene más capacidad de persuasión o de organización que los de finanzas.

Nuestro mensaje sobre este tema es bastante categórico: en lo que a la plaza se refiere, la pregunta que hay que plantear no es: «¿en cuántos canales nos podemos meter para llegar al máximo número posible de pares de ojos y de carteras?» sino que más bien debería ser: «¿qué canales deberíamos seleccionar para vender con beneficio el mayor volumen posible?»

Y punto.

Sí, la accesibilidad es importante. Oirás el argumento una y otra vez en tu empresa y a lo largo de tu carrera y, en ocasiones, incluso serás tú quien lo plantee.

Pero, en lo que a la plaza respecta, nunca permitas que el debate se vuelva tan acalorado en tu organización que se aparte de la fría, calmada e inmutable verdad del asunto: la rentabilidad también importa.

DÓLARES Y SENTIDO COMÚN

Y ahora, a por la tercera P y seguramente la más sencilla de las P de marketing: el precio.

No es que exista una receta para no fallar jamás al fijar el precio de tu producto o servicio, que no la hay. De hecho, como seguramente sabes tras haber asistido a muchas reuniones interminables, en las organizaciones rara vez hay consenso sobre lo sensibles al precio que son realmente los consumidores de un determinado producto. Ese tipo de conversaciones pueden acabar siendo verdaderamente polémicas.

No pasa nada. Estos forcejeos en torno al precio pueden ser muy útiles para hacer aflorar cuestiones estratégicas fundamentales. ¿Qué tipo de cliente queremos? ¿Estamos haciendo demasiados productos segundones del tipo «yo también»? ¿Hemos sido demasiado restrictivos al definir el mercado?

Pero, en última instancia, una vez agotadas las posibilidades del debate estratégico, al final solo cabe hacer una pregunta sobre precios en los tiempos que corren:

«¿Por qué no hacemos la prueba?»

Porque otros tiempos en los que se fijaban los precios adivinando han terminado. La tecnología ha acabado con ellos. Probar precios es fácil. Es rápido. Por lo general es barato. Y te da una flexibilidad nueva y poderosa.

Consideremos el ejemplo de The RealReal, una tienda de segunda mano en línea que vende ropa y joyas de lujo para mujeres. (Somos modestos inversores.) The RealReal hace muchas cosas bien, pero casi una de las primeras de esa lista sería su constante uso de los datos de seguimiento de los clientes para ajustar dinámicamente los precios en función de la oferta y la demanda. Por ejemplo, si un vestido se publica a un precio de 360 dólares un martes a las 11 de la mañana y ha recibido 700 visitas para la 1 de la tarde pero nadie lo ha comprado, se baja el precio digamos un 8%. Hay algoritmos diferentes para cada tipo de producto, día de la semana y hora del día, y esos algoritmos mismos se están ajustando constantemente para incorporar lo aprendido en pruebas anteriores.

Estas cifras son puramente hipotéticas pero el mensaje que queremos transmitir no. En la actualidad, la fijación de precios consiste en identificar el precio que quieres cobrar —por supuesto una función del coste y la marca— e identificar el precio que crees que tus clientes quieren y esperan pagar, y luego probar todos los puntos de precio entre el uno y el otro.

En cierto sentido, eso es lo que las empresas han hecho siempre. Solo que hoy se puede hacer mucho más rápido y de manera más productiva. Lo puedes hacer mejor.

EMPIEZA EL ESPECTÁCULO

Si alguna vez has despellejado un anuncio publicitario —y quién no—, ya conoces el poder de la cuarta P de marketing, promoción, más comúnmente conocida como mensajes publicitarios.

Y, si alguna vez has estado presente en una sesión en la que se busca precisamente idear el mensaje, ya sabes lo difícil que es, sobre todo en estos tiempos de clientes anestesiados por el ruido publicitario omnipresente, y al mismo tiempo a la defensiva por temor a ser manipulados emocionalmente.

Pero, para crecer, las empresas tienen que vender sus productos. ¿Cómo se consigue penetrar en la fortaleza?

Proponemos dos enfoques: puedes encargarte tú en persona si el marketing es parte de tu trabajo, o puedes ser la persona de la organización que pregunta si el equipo de marketing de la empresa o la agencia de publicidad que se ha contratado están utilizando estos enfoques. En cualquier caso, estarás añadiendo valor a una de las tareas más importantes que debe desarrollar la compañía.

Contar su historia.

Hay un primer enfoque posible que llamamos «experimentar sin implicarse».

Porque las promociones de éxito ya no dependen únicamente de la «creatividad». Igual que ocurría con el precio, se debe *probar* esa creatividad.

Conocemos al director de marketing de una compañía que diseña productos de formación en línea para el sector de los Recursos Humanos. Pongamos que se llama John. Trabaja con una agencia de comunicación digital para probar de manera rutinaria distintos precios y propuestas de venta para sus productos que prueban a ofertar en distintas páginas web, con distintas presentaciones e imágenes, orientándose a distintos segmentos del mercado. A veces John se emociona mucho con una solución creativa en particular. Por ejemplo, no hace mucho se enamoró de un anuncio que ideó la agencia y que proclamaba: «¡Convierte Recursos Humanos en tu ventaja competitiva!» En cambio, había otra propuesta de la agencia que le parecía particularmente horrorosa: un anuncio que mostraba al típico chico joven haciendo una señal con los pulgares para arriba y un eslogan ramplón que decía: «Haz que la formación de Recursos Humanos sea fácil».

Durante las semanas que siguieron, la agencia mostró los dos anuncios simultáneamente en distintas páginas, a horas diferentes, en tamaños diferentes... Probaron todas las combinaciones imaginables. Al mismo tiempo, también probaron un anuncio que la empresa había utilizado dos años atrás en el que se ofrecía un descuento por volumen en compras realizadas antes de finales de año.

Los resultados fueron elocuentes a más no poder. Independientemente del canal o la hora, el anuncio de los pulgares para arriba era el claro ganador, pues era el que más ventas y más contactos generaba. En segundo lugar, el anuncio que ofrecía un descuento por volumen (que por cierto, a John le había parecido particularmente «feo» y poco adecuado para la marca). ¿Y el anuncio de la «ventaja competitiva»? Lo has adivinado: el último.

A John no le duró el mosqueo: comprendió cuál era la situación en realidad. Al final, hoy en día conseguir la mejor creatividad publicitaria tiene que ver con dejar a un lado tu ego y aprender a amar los datos, o por lo menos aprender a fiarte de ellos. En los viejos tiempos, se hacían grupos focalizados de consumidores y estos proporcionaban información útil sobre el mercado, y, desde luego, hay veces en que todavía es así, pero la posibilidad actual de hacer estudios de mercado digitales hace que los grupos focalizados de consumidores se hayan vuelto algo prácticamente obsoleto.

¿Quiere eso decir que el modelo de marketing del «genio creativo» también se ha pasado de moda? Claro que no. A alguien se le tendrán que ocurrir las ideas que luego se pongan a prueba. De hecho, siempre habrá algo mágico en la creación de grandes mensajes publicitarios. La comunicación publicitaria todavía logra y seguirá logrando tocar al consumidor a nivel de verdades emocionales. Pero, a fin de cuentas, esos mensajes solo son geniales si con ellos se obtienen resultados, que es lo que verificas con los estudios con los que los pones a prueba.

Así que empuja a tu organización a experimentar sin implicarse. Los resultados harán el resto.

El segundo enfoque que recomendamos en lo que a mensajes publicitarios se refiere está relacionado con el primero: se trata de experimentar con la sorpresa.

Esto es a lo que nos referimos: como ya comentábamos, la mayoría de los consumidores están a la defensiva y tapándose los oídos con las manos; cabe la posibilidad de tratar de llegarles bombardeándolos o recurriendo al megáfono; a veces todo eso funciona, si no, no existirían esos anuncios estridentes de colchones o juegos de cuchillos de cocina que se ven en televisión a altas horas de la madrugada.

Pero hay otra opción, que es llegarle a la gente de maneras que no se esperan y, en el mejor de los casos, que hasta puede que les gusten.

Eso requiere innovación.

Es gracioso. La gente a veces cree que la innovación es cosa de I+D, donde los genios de la tecnología se inventan dispositivos, software y funciones cada vez más avanzados.

Pero el marketing también es un territorio de innovación; de hecho, es un terreno igual de idóneo que I+D para la innovación. Innovación en lo que decimos, innovación en cómo y dónde lo decimos.

Esa es la gran frontera abierta de la promoción, y es donde te deberías instalar.

Consideremos lo que está pasando con el marketing basado en experiencias, la creación de «experiencias» de consumidor como un medio para incrementar la visibilidad, la posibilidad de compartir, el valor de marca y por supuesto las ventas.

El marketing basado en experiencias no es nada nuevo, por supuesto; los primeros artículos y libros sobre este tema empezaron a aparecer en 1998. Ahora bien, en los últimos años se ha convertido en una verdadera mina de innovación en la esfera del marketing. Red Bull, la empresa de bebidas energéticas, domina esta práctica con total maestría al vincular su marca con eventos de deportes de alto riesgo de las maneras más emocionantes e imaginativas posibles. En 2012, por ejemplo, la compañía llevó su actividad de marketing a una nueva dimensión cuando estableció «Misión Stratos para trascender los límites humanos», haciendo que el mundo entero se reuniera frente al televisor para ver a Felix Baumgartner saltar desde una nave espacial situada a 39 kilómetros de altura con el objetivo de superar la barrera del sonido.

Eso sí que fue toda una experiencia: para Felix desde luego, pero también para todos los que le vieron en televisión. Twitter poco menos que explotó con la excitación generada. Era todo tan nuevo.

A lo que vamos: era todo tan *sorprendente*.

A ver, tanto tú como nosotros sabemos que Red Bull financió la Misión Stratos para que algún día alguno de nosotros piense: «Tengo una reunión de 15 minutos, ¡creo que necesito un Red Bull!» La emoción de lo que hemos visto y sentido a lo largo de una campaña de marketing orientada a implicar ha logrado que bajemos la guardia ante lo que, en esencia, era marketing puro y duro. De hecho, lograron atraernos.

La actividad promocional tiene que ser así a partir de ahora.

Neiman Marcus financia desfiles de moda en eventos benéficos.

Innovación.

IBM ofrece a sus clientes una dieta estrictamente digital de contenidos selectos sobre las mejores prácticas empresariales.

Innovación.

Para promocionar la segunda temporada de *Suits*, USA Network vistió a unos modelos masculinos con modelos idénticos y los envió a dar vueltas por Nueva York, LA, Chicago y San Francisco en bicicletas idénticas a juego.

Innovación.

De modo parecido, A&E promocionó su nueva serie *Bates Motel* instalando en una calle de Austin una máquina expendedora iluminada con luces de neón que regalaba *brownies* «hechos por Norman Bates».

Friki, delicioso, memorable. Y pura y simple innovación. ¿Resulta fácil de medir? No. ¿Funciona siempre? Por supuesto que no. Pero tampoco funciona siempre hacer lo de siempre una y otra vez. A excepción, por lo visto, de cuando se trate de colchones o cuchillos de cocina.

En el resto de los casos, piensa en experimentar, en deleitar. Pregúntate: «¿Estamos haciendo lo suficiente con nuestros mensajes publicitarios como para sorprender a la gente de un modo positivo?»

Porque, cuando se trata de actividad promocional, lo nuevo es lo clásico a partir de ahora.

NINGÚN RESPONSABLE DE MARKETING ES UNA ISLA (COMPLETO EN SÍ MISMO)

Todo el mundo que se dedique a los negocios sabe que la gente de las distintas funciones y divisiones de la empresa debería hablar entre sí. Los compartimentos estancos son el horror. Nos parecen odiosos y lo mismo debería pensar cualquiera que quiera que su empresa crezca y prospere.

Hacemos este comentario a modo de introducción para hablar de la última P de marketing, la P de las personas.

Marketing no puede ser una isla, una función aislada, por muy tentadora que parezca esa idea desde dentro, que lo parece porque así es la naturaleza humana. A la gente le gusta estar con gente que comparte su misma mentalidad y tiene sus mismas prioridades.

Pero la insularidad es la muerte para un negocio. Es la muerte para el marketing. Siempre ha sido así, pero lo es especialmente ahora, en el contexto del papel cada vez más preponderante de la tecnología en el marketing digital y la importancia vital que ha adquirido hacerlo todo a gran velocidad.

Los compartimentos estancos matan la velocidad. Matan las ideas. Matan el impacto.

Pongamos por caso a una amiga nuestra, que trabaja para una empresa que hace software médico apoyándose fuertemente en el marketing orientado al consumidor para tener salida comercial. A nuestra amiga «Sally» y a su equipo no paran de ocurrírseles ideas creativas pero pocas llegan a materializarse. ¿Por qué? Para empezar, todos los planes de marketing tienen que pasar por una exhaustiva revisión legal que dura una semana, seguida de otra semana de escrutinio financiero en la que tienen que recabarse varias firmas. ¿Y qué pasa una vez se han completado esos dos procesos? Una semana más de evaluaciones de riesgos de TI. Y después, otra semana esperando a que se abra la ronda semanal de modificaciones de los calendarios «blindados» de despliegue de tareas que sigue el equipo que se encarga de la web. En total, hacen falta por lo menos cuatro semanas desde que se tiene una idea hasta que esta se pone en práctica, lo que convierte el lanzamiento de cualquier novedad rápidamente (por no hablar de lanzamiento a tiempo para reaccionar a lo que pueda estar pasando en las redes sociales) en una misión completamente imposible, incluso para el más motivado de los directivos.

Veamos ahora un ejemplo diametralmente opuesto: lo que ocurrió con Oreo en 2013.

Pese a ser parte de un conglomerado multinacional de empresas, Oreo convirtió la alineación de sus equipos internos en una prioridad de toda la organización con el objetivo de lograr una sólida y ágil conexión entre departamentos, de manera que la empresa estuviera en posición de aprovechar al máximo y espontáneamente los «momentos culturales» inesperados que pueden surgir de un día para otro en nuestros días. Uno de esos momentos se produjo durante la Super Bowl de ese año cuando las luces del estadio se apagaron de repente durante el tercer cuarto.

Bueno, resulta que —de manera intencionada— Oreo tenía en esos momentos reunidos en la misma sala, viendo juntos el partido, al director de marketing, el responsable de marca, el asesor legal y el resto de partes implicadas principales. En cuestión de minutos, fueron capaces de lanzar la campaña de Twitter «*You Can Still Dunk in the Dark*» [Para hacer sopas, lo mismo da el apagón].

¿El resultado? Con un único «tuit», que tiene un coste de exactamente cero dólares en medios, la marca generó 525 millones de impresiones, un múltiplo de la cantidad de gente que estaba viendo el partido en realidad. La campaña apareció en titulares en más de 100 países. Ganaron 14 premios de publicidad y la revista *Wired* incluso declaró a Oreo ganadora de la Super Bowl.

La historia de Oreo demuestra que la P de las «personas» no es solo cuestión de dónde se sitúa la función de marketing dentro de la organización. Obviamente, siempre ha estado entre las más importantes junto con finanzas e I+D. El argumento que plateamos, yendo más allá, es que marketing tiene que situarse dentro y junto y en el centro de todas las funciones de la organización. Incluso si no eres el CEO o un alto ejecutivo, aun así puedes defender la idoneidad de este enfoque, y hasta trabajar de manera informal para lograr que se adopte. Lo único que hace falta es el valor y la disciplina de salir de tu compartimento estanco y, ya sea con una conversación o con una pregunta, invitar al resto de la organización a que entre.

Porque hoy, el marketing es responsabilidad de todo el mundo.

Y ESO TAMBIÉN INCLUYE EL B2B

En los últimos tiempos, el marketing entre empresas o *business to business* (B2B como se le suele llamar) ha experimentado tantos cambios como el marketing dirigido al consumidor, o sea, el *business to consumer* o B2C, por motivos muy similares. Más tecnología. Compradores y proveedores globales más espabilados. Más competitividad. Transparencia exacerbada.

Insistimos una vez más: nuestro objetivo no es convertirte en un experto funcional sino ponerte en disposición de poder asistir a una reunión de marketing B2B con pautas claras en mente. Y, en lo que se refiere al marketing B2B eficaz, diríamos que esos principios son tres en la actualidad.

Aquí va el primero: *Las empresas necesitan hacer todo lo que esté en su mano para mantener la relación B2B en términos muy muy personales*. Hubo un tiempo en que el marketing B2B podría haberse descrito fácilmente como marketing «entre compadres», entendido como un enfoque de ventas que el término ilustra de manera muy gráfica si imaginamos un contexto de partido de fútbol, una barbacoa o unas cañas en un bar. Sí... claro que las empresas y sus clientes que a su vez son empresas negociaban a muerte los costes y las fechas de entrega. No se hacen pedidos de 20 millones en piezas de automóvil, por ejemplo, o de 5 millones en suministros de limpieza, sin cuestionar hasta el último dólar de coste. Pero, en los viejos tiempos, las relaciones B2B tendían a ser de tipo colegial y a largo plazo.

Y luego se produjeron toda una serie de cambios. La competencia extranjera, por citar uno. Otro cambio sería el uso creciente de los llamados a licitación. Ahora bien, por lo menos en el ámbito de la fabricación, lo que más impactó el marketing B2B fueron las subastas en línea, que empezaron a usarse en serio hará unos 20 años. De repente, una empresa que necesitara 5.000 artilugios del tipo que fuera, podía conseguir que proveedores de todo el mundo se liaran a puñetazos entre ellos —y además en vivo y en directo— para intentar llevarse el gato al agua. «Simplemente te sentabas delante de la pantalla del ordenador a ver cómo se hundía el precio —recuerda Jim Berges, un ejecutivo veterano del marketing de productos industriales a quien conocemos desde hace dos décadas y que lleva haciendo negocios el doble de tiempo—. De la noche a la mañana, las empresas podían comprar en China o la India sin tener que ir hasta China o la India, y se produjo un frenesí comprador.»

Ahora bien, con el tiempo, la mayoría se dio cuenta de las limitaciones de las subastas en línea. El precio era bueno y las subastas en línea funcionaban bien para determinados productos como por ejemplo los básicos y las materias primas. Pero no iban tan bien para otros muchos. ¿Cómo sacar a subasta en línea un proyecto complejo, de varias fases, altamente personalizado y multimillonario? Sencillamente no se hace.

Lo que implica que gran parte del marketing B2B actual esté de vuelta en el punto de partida: los responsables de marketing vuelven a tener que establecer relaciones profundas, de cooperación y a largo plazo con sus clientes. Es decir, el tipo de relación de socios que pone freno a las subastas en línea (e incluso los llamados a licitación, para el caso) antes de que ni tan siquiera empiecen.

Como ocurre con todas las relaciones, estas tienen que construirse sobre una base de confianza. Ambas partes deben sentir que en la relación todos ganan. «Tienes que dar a los compradores algo (calidad garantizada, paquetes de servicios, asesoría en diseño) que haga que el potencial ahorro de comprar en una subasta no merezca la pena —explica Jim Berges— Tienes que convertirte en un socio. Tienes que conocerlos de verdad y ellos te tienen que conocer a ti de verdad.»

Dicho de otro modo: hoy por hoy, para que el marketing B2B tenga éxito tiene que ser de tú a tú, de cerebro a cerebro. Ha de ser personal e intelectual.

Y también tiene que ser despiadadamente estratégico. La razón es bien sencilla: a veces las alianzas empresariales simplemente no resultan rentables para el proveedor. No tienen sentido a nivel financiero. O tal vez lo tienen a corto pero no a largo plazo o al revés.

Esto nos lleva al segundo principio operativo: *Todo lo que hagas hoy a nivel de marketing B2B tiene que estar impulsado por un cuidado análisis de la capacidad y competencias del sector.*

Este es el motivo: en la actualidad, hay tantos sectores altamente consolidados con tan solo unos cuantos compradores y vendedores en cada uno, que el marketing B2B es más que nunca una partida de ajedrez. Cada movimiento tiene que realizarse entendiendo muy bien las reacciones en cadena de la competencia que va a provocar.

Por ejemplo, consideremos una historia de Jim Berges sobre lo que pasó hace unos cuantos años cuando un megadistribuidor minorista salió al mercado a buscar unidades de refrigeración nuevas para todas sus tiendas. Solo tres grandes empresas de ingeniería podían hacerse cargo de un pedido de tal envergadura, y una de ellas era la de Jim. «Inmediatamente, el equipo de ventas planteó que había que adoptar una posición increíblemente agresiva —recuerda Berges—. Siempre pasa lo mismo. Los comerciales quieren vender, cueste lo que cueste.»

Pero el «coste» era importante en este caso. Si la empresa de Jim se llevaba el supercontrato del megadistribuidor aniquilaría a su principal competidor. Bueno, no lo aniquilaría inmediatamente pero sí le «robaría» la mitad del negocio, lo que a su vez incrementaría la capacidad disponible en las plantas de este, algo que podía acarrear serias consecuencias.

«En la mayoría de los casos, en sectores consolidados, lo último que quieres es tener a un competidor con un montón de capacidad y competencias ociosas —explica Jim—, porque lo más probable es que se tomen la revancha en la siguiente licitación, que podría ser la que *verdaderamente* te interesa desde el punto de vista de la rentabilidad.»

La cuestión es que, en el marketing B2B, debes escoger con cuidado con quién te alías. En los sectores consolidados tiende a agudizarse el dilema entre crecimiento y margen, y cuando el número de relaciones es más bien bajo y estas son a largo plazo, por lo general lo que tiene sentido es primar el margen. Pero esta es una apreciación que solo puede surgir cuando estás pensando de manera estratégica. En el espacio B2B, no puedes ganar todas las batallas al cliente.

Y no deberías querer hacerlo.

Nuestro último principio operativo u orientador del B2B se refiere principalmente a sectores que no están consolidados y es este: *Teme a Amazon.*

Témelos y aprende de ellos, cópiales lo que puedas y plántales cara con toda la artillería de que dispongas.

Vamos a ver: todavía hay un montón de empresas que operan con voluminosos catálogos como motor principal del negocio. Catálogos con cientos —si no miles— de componentes de poco precio, artilugios, chismes y cosas por el estilo. Si trabajas en el sector de la construcción, ya sabes a lo que nos referimos: 6.000 tipos distintos de clavos. Enchufes: misma historia. La lista es interminable.

Cabría pensar que, a estas alturas del partido, Internet habría acabado con los catálogos B2B, pero en realidad, en los sectores donde son más relevantes, el 60 % de las ventas se producen todavía en base a catálogo, sobre todo porque hay multitud de compradores que aún quieren y necesitan poder levantar el teléfono, marcar un número de atención telefónica al cliente y hablar de su pedido con un humano que sepa algo del tema. Amazon, por su parte, sabe reconocer una oportunidad cuando la ve, y en los últimos años se ha estado metiendo en este territorio, utilizando su práctica habitual de precios imbatibles, servicio de entrega imbatible y funcionamiento imbatible de la cadena de suministro.

Si quieres seguir en el juego, tu única defensa va a ser ofrecer un servicio imbatible. Por suerte para ti, tus empleados sin duda habrán notado el impacto de Amazon en sus propias vidas y entenderán de manera intuitiva por qué los achuchas tanto para que rindan más. El enemigo, por llamarlo de algún modo, no puede ser más real.

Claro que igual te tienta igualar los precios de Amazon, pero esa es una solución insostenible por razones evidentes. No, solo puedes plantar cara ofreciendo a tus clientes más de lo que Amazon no puede darles. Conocimientos expertos y asesoramiento. Interés genuino y perspicacia.

Sí, eso es, volvemos a hablar de alianzas, de relaciones profundas, de ser socios.

Tal y como comentábamos, el marketing B2B sin duda se ha transformado con la aparición de un nuevo universo en línea interconectado, solo que el resultado ha sido una vuelta a sus orígenes.

Tal vez no sea ya marketing «entre compadres», pero sí es marketing personal de distancias cortas.

Allá por 1980, el famoso innovador Edwin Land supuestamente dijo que «el marketing es lo que haces cuando el producto no es bueno».

Land ya no está entre nosotros y tampoco ha sobrevivido la empresa que fundó, Polaroid, irónicamente una víctima de los cambios sufridos por consumidores y tecnología, y probablemente de un equipo de gestión que no supo encontrar la manera de lidiar con ninguno de esos cambios.

Pero el comentario de Land todavía sigue siendo un genial —además de hiriente— recordatorio de que el marketing tiene que empezar con un buen producto, ya sea B2C o B2B. Y si empieza por un gran producto, mejor que mejor.

Una vez cuentes con eso —que ya es mucho—, puedes comenzar a desplegar el arsenal completo de marketing.

En lo que se refiere al marketing dirigido al consumidor final, está el tema de la accesibilidad rentable (o sea, plaza); y el de una propuesta de costes probada y en constante proceso de ajuste (o sea, precio); y los mensajes publicitarios que inciden en los consumidores con la precisión del láser y además los sorprenda (o sea, promoción); y una organización que integra de manera profunda el marketing en todas sus funciones (o sea, personas).

En el caso del marketing dirigido a otras empresas, se trata de forjar relaciones para minimizar las subastas, y reforzar esas relaciones con pensamiento estratégico sobre capacidad y habilidades y sobre la competencia (Amazon incluida).

En cualquier caso, sugeriríamos una pequeña revisión a la cita de Land.

El marketing —diríamos nosotros— es lo que haces *después* de tener un *buen* producto.

Y en la actualidad puedes hacer más que nunca.

7
Gestión de crisis:
bienvenidos al coliseo

Por si el marketing no fuera ya lo suficientemente abrumador en circunstancias normales, ahora vamos a considerar el marketing en tiempos difíciles, o lo que se conoce también como la gestión de crisis. Si tienes suerte, nunca necesitarás los consejos que vamos a dar a continuación pero, en vista del mundo tipo Coliseo romano en el que nos toca vivir, es cada vez más improbable que te libres. Tal y como apuntaba el *New York Times* hace poco, «casi todos los días, Internet pide la cabeza de alguien».

Y esa advertencia ya no es aplicable únicamente a las grandes empresas o los líderes de máximo nivel. Las crisis de relaciones públicas afectan a todo tipo de empresas: nuevas, viejas y medio medio, a las que dan beneficios y a las que no, iluminando de repente con un potente foco de exposición pública a todos sus trabajadores, a todos los niveles. Podría darse el caso de que lleves dos años trabajando en la empresa cuando se descubre que alguien de tu equipo —alguien a quien tú no has contratado o que ni siquiera conoces— ha manipulado los resultados de un importante estudio. Podrías estar a cargo de la división de Chicago y que te perjudique un fraude de esos que dan buenos titulares cometido por un vendedor de Atlanta. Las crisis nunca han afectado en exclusiva a los niveles más altos del escalafón de una organización, pero hubo un tiempo en que el escalafón te protegía.

Ahora ya no: hoy por hoy, todo el mundo tiene que pisar la arena del circo pertrechado con espada y escudo.

Bueno, teniendo en cuenta el negocio a que nos dedicamos —dar charlas, escribir y asesorar—, evidentemente ya hemos tenido muchas oportunidades de opinar sobre cómo gestionar las crisis. De hecho, hemos dedicado a este tema un capítulo entero de nuestro último libro, *Winning [Ganar]*, publicado en 2005. Y ciertamente diríamos que nuestros consejos de *Winning [Ganar]* siguen vigentes en su práctica totalidad al cabo de diez años, con una salvedad.

Con la llegada de las redes sociales, todo lo que le pase a una empresa o individuo durante una crisis ocurrirá más rápido. Más rápido y peor. Las redes sociales, con todas sus virtudes —y que conste que somos usuarios y consumidores entusiastas— se las ingenian para convertir el mundo en una estridente cámara de eco de una irreverencia demoledora y con tendencia a repetir una y otra vez las malas noticias, ida y vuelta hasta Tombuctú, antes de haber tenido tiempo ni para preguntar «¿te has enterado?» ¡¿Cómo extrañarse de que Monica Lewinsky dijera en una ocasión que lo único bueno de su escándalo era que ocurrió antes de que existiera Twitter?!

No es que Twitter y por su puesto sus hermanas, las otras redes sociales, lo cambien todo en relación a la gestión de crisis, pero sí que aportan pautas adicionales de las que nos ocuparemos enseguida.

Pero antes hagamos un repaso rápido de nuestros principios originales de gestión de crisis. Para actualizarlos, después de cada uno de ellos simplemente añade la frase «solo que ahora más rápido y peor».

En primer lugar, por mucho que trates de contenerla, tu crisis se hará mayor y más profunda de lo que crees. Claro que habrá días buenos durante la crisis —días llenos de esperanza— en los que pensarás que tal vez la historia ha llegado a su fin. Pero el hecho es que las malas noticias seguirán sucediéndose hasta que salga a la luz hasta el último detalle. En una palabra: la supresión de las crisis es imposible. *(Solo que ahora más...)*

En segundo lugar, en realidad en este mundo no hay secretos. Tus abogados tal vez te aconsejen negociar o comprar el silencio de los involucrados en una crisis en particular; y tus expertos en relaciones públicas harán lo mismo. Pero las promesas, los contratos y las indemnizaciones por despido son soluciones imperfectas. Si hay más de una persona que sepa de tus desvaríos, lo mismo daría que circularas una nota de prensa en la que lo cuentas todo, porque lo que ocurre con las malas noticias es que al final siempre se acaban sabiendo. *(Solo que ahora más...)*

En tercer lugar, la forma en que gestiones la crisis quedará reflejada de la peor manera posible. Adelante, cuéntales a los periodistas tu versión de los hechos. Hasta puede que parezcan comprensivos e incluso empáticos mientras hablas con ellos. A fin de cuentas, es parte de su trabajo hacer que sientas que tienes un amigo en ellos. Pero, si te dedicas a los negocios y tu organización es la zona cero de una crisis, los medios no te van a conceder ni el beneficio de la duda. *(Solo que ahora más...)*

En cuarto lugar, la crisis provocará cambios en los procesos y el personal de la empresa. Y a lo que nos referimos es a que correrá la sangre. Nos disculpamos por usar una metáfora tan gráfica, pero así son las cosas. Las crisis exigen cambios. Algunos de esos cambios serán positivos y saludables. Se instalarán nuevos sistemas de control. Se reparará una cultura dañada. No obstante, el mundo tiende a exigir que una o más personas paguen con sus trabajos por lo que salió mal y el clamor de la multitud no cesará hasta que se satisfagan sus exigencias. *(Solo que ahora más...)*

Y, en quinto y último lugar, tu empresa sobrevivirá a su crisis y saldrá reforzada y mejorada.

A esto no hay que añadirle nada. Sigue siendo válido porque los hechos muestran que la mayoría de las empresas sobreviven a las crisis, incluso crisis terribles, y la mayoría mejora gracias a la experiencia.

Pensemos en Under Armour. La empresa estuvo tres semanas expuesta al escarnio público en las redes durante los Juegos Olímpicos de Invierno de 2014 por una controversia sobre el diseño del uniforme del equipo estadounidense de patinaje de velocidad que realizó. En las redes, mucha gente achacó los malos resultados del equipo al traje, su cotización en Bolsa sufrió un duro golpe y su CEO, Kevin Plank recurrió a las ondas para contraatacar. Dentro de la empresa, en medio de todo aquel revuelo, deben haber tenido la sensación de que su vida corría peligro pero, de algún modo misterioso, la batalla infundió nuevos poderes mágicos a la compañía. Under Armour dobló su apuesta comprometiéndose a mantener el patrocinio del equipo de patinaje de velocidad hasta la siguiente Olimpiada, y poco después irrumpió en el mercado con una nueva campaña de publicidad previamente anunciada a bombo y platillo y un montón de productos nuevos. ¿Crisis? ¿Qué crisis?

Dicho lo cual, sí, a veces una paliza en las redes sociales es tan brutal que la empresa o individuo que la sufre tarda mucho tiempo en recuperarse. Desde luego la lista de empresas e individuos profunda y tal vez permanentemente dañados por sus crisis aumenta todos los años. Es prácticamente indiscutible que los errores empresariales (o personales) estén empeorando. Siempre ha habido empresas y personas que han metido la pata, que han fracasado estrepitosamente o se han ido al garete de algún modo ante la mirada atónita del mundo. Lo que ha cambiado es el efecto multiplicador de las redes sociales, que hace que los errores (reales o percibidos) se propaguen más rápidamente, parezcan más graves y den la impresión de ser más atroces que nunca.

En un día malo, puede bastar para hacer que te entren ganas de retirarte a una cueva.

PRINCIPIOS PARA PREPARARSE PARA LA TORMENTA

No se puede, claro. No se puede ni intentar. No funciona y la verdad es que la mayoría de los intentos de pasar desapercibido en los negocios te explotan en la cara. En realidad no existe el concepto de quedar fuera del radar.

Entonces, ¿qué? Bueno, la respuesta obvia es tratar de prevenir las crisis, que es una parte muy significativa de lo que los líderes tratan de hacer cuando construyen culturas saludables con valores que promuevan la integridad y la franqueza. Y, una vez más, no estamos hablando únicamente de los líderes en la cima del escalafón sino de todos los líderes desde el nivel de responsable de equipo.

Ahora bien, la vida sigue su curso. Un buen día, estás tan tranquilo y te empiezan a bombardear con correos electrónicos, o te empiezan a entrar los mensajes en el teléfono uno detrás de otro, o aparece alguien en tu despacho diciendo que necesita hablar contigo inmediatamente. Algo ha ido mal. Algo importante. Y, en un abrir y cerrar de ojos, tienes montado un lío tremendo y altamente desagradable en el patio de atrás, como quien dice. O a la puerta de casa. O pura y simplemente lo tienes encima de la mesa.

De cara a prepararse para la posibilidad de que ocurra algo así, vamos a sugerir toda una serie de prácticas de comunicación a poner en práctica en los buenos tiempos, una especie de seguro contra huracanes. Estos antídotos no evitan que la tormenta se desencadene pero tienden a facilitar las tareas de limpieza cuando vuelve la calma.

La primera práctica es forjarte una buena reputación antes de que te haga falta. Hay cientos de razones por las que todas las empresas deberían ser buenos ciudadanos que colaboran con su comunidad, y también un montón de razones para que todas las empresas sean empleadores justos y transparentes. Añade a la lista de razones la gestión de crisis. Haberte granjeado verdaderos amigos y partidarios durante los buenos tiempos aumenta tus posibilidades de tener quien salga en tu defensa sin dudarlo en los malos tiempos.

De la misma manera, algunas crisis son personales, es decir, que *tú* has metido la pata. *Tú* has perdido un cliente importantísimo por no haber cumplido un plazo clave. *Tú* diste tu aprobación a una campaña publicitaria que ha sido un desastre. *Tú*, dicho de otra manera, eres la crisis, o por lo menos estás justo en el centro de ella.

No nos cansamos de repetirlo: en ese tipo de situaciones, cuanto más saldo tengas en tu cuenta de buena reputación, mejor. El momento en que te ves convertido en tendencia del momento en Twitter no es el ideal para empezar a pensar: «¿quién dará fe de que en realidad no soy lo peor?» El momento de empezar a pensar en eso es el primer día de tu primer trabajo cuando, justo antes de responder a la primera llamada de teléfono o asistir a tu primera reunión, hagas una breve pausa para recordarte a ti mismo que, efectivamente, es sabido que uno siembra lo que recoge. O te detengas un instante para rememorar la verdad eterna de Maya Angelou (que no dista mucho de lo anterior): «La gente se olvidará de lo que dijiste. La gente se olvidará de lo que hiciste. Pero la gente no se olvidará jamás de cómo les hiciste sentir». Con tus palabras y tus acciones, haz que sientan que eres una persona buena y decente, demasiado buena y decente como para que los que te conocen no salgan en tu defensa. Tal vez no baste para poner fin a la paliza en las redes, pero puede que sea lo único que tengas.

Otra práctica para antes de la tormenta: ten montado un sistema que te proporcione una voz potente de cara al público en varios canales, incluso si no tienes nada demasiado urgente que decir. En un mundo como el actual, muy dado al parloteo, tienes que ser parte de la conversación. Más concretamente, si tienes una marca de consumo, una crisis no es el momento de conocer a tus seguidores o encontrar tu propia voz. Habrás notado que hablamos de «varios canales»: es importante que te asegures de que tu comunicación se esté produciendo en todas las plataformas durante los buenos tiempos porque, cuando llegue la crisis, puedes estar seguro de que tus opositores se afanarán en definirte y atacarte en cualquier plataforma que puedan, o sea, que tú hayas abandonado.

Lo mismo puede decirse si la crisis es personal. Hoy en día, todo el mundo necesita por lo menos un canal directo al mundo a través del cual dejar oír su voz. Twitter, Facebook, Instagram... el que más te apetezca. Y no pienses ni por un instante que eres demasiado «insignificante» para la organización o que tu perfil es demasiado «bajo» como para tener preparada una plataforma. En el peor de los casos, no te hará falta usarla jamás. En el mejor, estará lista cuando tú lo estés.

Lo mejor de las redes sociales en las crisis es que, pese a su brutalidad, te permiten desintermediar tu mensaje. Los tiempos en que tenías que confiar en un periodista la correcta comunicación de este, con el tono y las palabras que tú querías, son historia. En la actualidad no hace falta que haya ningún intermediario entre el público y tú. Ahora puedes hablar por ti mismo. Y, si eres suficientemente sincero y rápido y tienes el megáfono preparado en todas las plataformas posibles, puede funcionar muy bien.

En 2013, cuando un montaje fotográfico en el que se mostraba a un empleado de Taco Bell lamiendo una montaña de tacos se hizo viral, la percepción de la marca por parte de los consumidores sufrió un duro revés el día mismo que estalló el escándalo. Pero Taco Bell reaccionó inmediatamente despidiendo al empleado y asegurándose de que se conociera la verdad del caso en las redes, garantizando a los consumidores que se trataba de una broma desafortunada y explicando que esos alimentos no estaban destinados al consumo humano. La campaña proactiva de información funcionó y la marca se recuperó hasta volver a situarse en los niveles de percepción anteriores a la crisis, según la escala BrandIndex Buzz de YouGov, en tan solo tres días.

El tema es que Taco Bell estaba preparada para interactuar. ¿Lo está tu empresa?

La siguiente práctica de la lista: no crees una crisis sin querer por culpa de cómo se marche una persona de la empresa. La verdad es que muchas crisis se producen porque los directivos hacen algo muy estúpido: provocan la aparición de denunciantes o cruzados de la crítica de la empresa. ¿Cómo? Pues porque no son capaces de mostrar afecto a los empleados en el momento en que estos la abandonan, no son capaces de tratarlos con la misma dignidad de la entrada en el momento de la salida. Qué humillante debe ser. En el siguiente capítulo sobre liderazgo vamos a hablar con cierto detalle de la manera en que debería marcharse la gente de la empresa, así que, por ahora, simplemente quédate con la idea de que debes intentar por todos los medios que la gente no se marche de mala manera, porque de algún modo volverán para recordarte que la tacañería —tanto financiera como emocional— nunca compensa.

Nuestro antídoto final para la gestión de crisis, de hecho, solo entra en juego una vez se haya desatado la crisis y es este: aférrate a algo que es innegable, que esto también pasará. Sí, en plena crisis, será horrible sentir el odio, hasta puede que temas perder tu puesto de trabajo, tu reputación, tus amigos. Te parecerá que el escándalo es atronador e insoportable y que no termina nunca. Tendrás la sensación de que eres el blanco de todas las miradas, que todo el mundo está pensando en ti, diseccionando tu comportamiento y dedicando cada minuto del día a hablar de ti y del humillante y más que visible lío en que te encuentras.

Y tal vez sea así. Aunque sospechamos que es poco probable. Pero incluso si fuera el caso, has de saber que la tormenta amainará. Siempre lo hace.

Escucha bien: siempre lo hace.

La muchedumbre pasará a centrar su atención en otra cosa. Tú no puedes controlar los tiempos, solo puedes controlar hasta qué punto te crees que ya nada volverá a ir bien jamás. Las cosas volverán a ir bien.

No por ósmosis, claro. Tú o tu organización o ambos tenéis que hacer lo necesario para poner remedio a la situación. Contraataca si es lo que hace falta. Discúlpate si es lo correcto. Repara lo que se haya roto. Cambia a la gente o el proceso que no fue bien. Limpia. Ventila. Vuelve al terreno de juego.

Ahora bien, en medio de todo eso, no dejes que las redes sociales te trastoquen el alma. Las crisis son parte de la vida. Puedes prepararte y te recomendamos encarecidamente que lo hagas, pero incluso así, puede que no seas inmune a ellas. Así que, cuando tengas una, capea el temporal con los ojos bien abiertos.

Antes de que te quieras dar cuenta, te habrás convertido en #noticiaspasadas.

PARTE II

SE TRATA DEL EQUIPO

8

Liderazgo 2.0

Este es el capítulo en el que te pedimos que dejes a un lado (por lo menos temporalmente) el sinfín de teorías y tópicos sobre liderazgo que has ido oyendo a lo largo de tu educación y tu carrera, y consideres la posibilidad de que el liderazgo, sencillamente, gire en torno a dos cuestiones:

1. Verdad y confianza.

2. Buscar constantemente la primera y fomentar incansablemente la segunda.

En este capítulo vamos a analizar en detalle cómo se hace exactamente, no desde una altura de 6 kilómetros sino a 6 metros de distancia. Porque el liderazgo, a pesar de toda la rimbombante literatura que existe en torno al concepto, no puede ser un ejercicio abstracto sino que el liderazgo está en los detalles o, tal y como nosotros sugerimos, en las intervenciones específicas que sí (y no) hay que llevar a cabo.

Pero, antes que nada, un breve recordatorio, puesto que ya nos hemos referido al liderazgo en este libro. En el Capítulo 1 hablábamos de que el trabajo se convierte en una tarea pesada y tediosa a menos que los líderes de la organización hayan identificado una misión que resulte inspiradora y los comportamientos cotidianos que la hacen posible. A la conexión de importancia crítica entre misión y comportamientos la hemos bautizado como «alineación» y hemos establecido que tiende a darse con mucha más frecuencia cuando se recompensa a la gente por adoptar la misión y contribuir a su éxito con los correspondientes comportamientos. (A este concepto nada sorprendente lo hemos llamado «consecuencias».)

También en el Capítulo 1, sugerimos una lista de cinco actividades clave de liderazgo que resultan esenciales porque son algo así como el saco de fertilizante y las lluvias primaverales de la alineación. Eran estas:

1. *Ponerse en el lugar de todos los demás:* preocupándote de verdad de tu gente y entendiendo qué la motiva.

2. *Hacer el trabajo de Director de Sentido:* utilizando las palabras y los hechos para dar contexto y propósito al trabajo de tu equipo.

3. *Eliminar los obstáculos:* retirando la burocracia y otros elementos inútiles del camino de tu equipo para obtener resultados.

4. *Mostrar el gen de la generosidad:* llegando incluso a exagerar la nota en tu deseo y esfuerzos por recompensar a la gente con dinero, ascensos y alabanzas por haber obtenido grandes resultados.

5. Y *hacer que el trabajo sea divertido:* creando un ambiente de trabajo en el que quepan la diversión y la celebración.

Seguro que apreciarás que estas actividades están alineadas con el liderazgo basado en la verdad y la confianza. Por cierto, esto también es verdad para el esquema de «las cuatro E y la P» que hemos utilizado ampliamente en el pasado para hablar de liderazgo. Este esquema considera que los líderes más eficaces son los que rezuman *energía*, tienen la habilidad de *energizar* al resto, *ejecutan* las ideas sobre la marcha y poseen el *espíritu* suficiente como para tomar decisiones, todo ello empaquetado en un gran envoltorio de *pasión*.

En nuestro último libro, *Winning [Ganar]* hicimos lo que hacen todos los autores, es decir, construir sobre nuestro esquema, y formulamos ocho reglas de liderazgo. Repasando esa lista al cabo de diez años, nos complace comprobar que todos sus elementos han resistido el paso del tiempo. En cualquier caso, los líderes siguen teniendo que mejorar sus equipos constantemente, asegurarse de que su equipo se alimenta y hasta respira la visión de la empresa, y rezuma confianza y optimismo. Y siguen teniendo que actuar con transparencia, tener el valor de tomar decisiones difíciles y garantizar que sus directrices se conviertan en acciones. Por último, asimismo tienen que ser fuente de inspiración para asumir riesgos y celebrar las victorias tanto grandes como pequeñas.

Esta es la conclusión: el liderazgo en base a la verdad y la confianza es uno de esos conceptos en la vida que son mayores que la suma de sus partes. Se trata de un enfoque general —un principio organizativo— que inspira todo lo que hacen los líderes a diario, ya sea en reuniones de personal, realizando evaluaciones de rendimiento, durante sesiones estratégicas o revisiones de presupuestos o cualquier otra actividad.

El liderazgo basado en la verdad y la confianza es una mentalidad y una metodología.

Y, en los tiempos que corren, puede y debe ser tú, en acción.

LA VERDAD Y NADA MÁS QUE LA VERDAD

La verdad es algo positivo, ¿no? ¿Quién no iba a estar de acuerdo con esa afirmación?

Prácticamente nadie. Ni siquiera el líder del que hemos oído hablar hace poco cuando una amiga llamada Lauren nos llamó para pedirnos consejo porque estaba pasando por una crisis profesional.

Cuando nos llamó, Lauren, de 34 años, era analista financiera y llevaba trabajando en una pequeña consultoría de inversión desde que salió de la universidad. Su puesto abarcaba la investigación y también bastante servicio al cliente. Recientemente el CEO de la empresa de Lauren había anunciado que iba a vender el negocio a sus altos directivos y jubilarse y, al hilo de las conversaciones que ese anuncio provocó, Lauren había oído rumores de que le iban a proponer hacerse socia como parte de la transición.

Pero, de repente, los rumores cesaron y se informó (un colega le contó) a Lauren de que el responsable del parón era su jefe. Ella se lo tomó mal, lo suficiente como para considerar la posibilidad de despedirse. «Van a perder un montón de negocio —nos dijo—, los clientes me adoran.»

Le preguntamos a Lauren si su jefe opinaba lo mismo sobre su aportación a la empresa. Antes de responder hizo una pausa y luego soltó: «Es solo que no quiere que me hagan socia porque soy mujer. Le sentó fatal que me pidiera la media jornada cuando tuve el bebé».

¿Era ese el caso? Puede ser. Pero la cuestión es que Lauren estaba únicamente aventurando una hipótesis y cuando profundizamos reconoció que la verdad era que no tenía ni idea de qué pensaba en realidad su jefe de su rendimiento, ni antes ni después de ser madre, porque él nunca se lo había dicho.

Qué pena.

Una pena, porque las evaluaciones periódicas de rendimiento son una responsabilidad ineludible de cualquier jefe, pero también una pena porque si conociéramos al jefe de Lauren en una conferencia sobre liderazgo, pongamos por caso, estaría de acuerdo con la teoría de que decir la verdad en el trabajo es muy buena cosa.

También podemos considerar el ejemplo de un fabricante muy conocido. Durante décadas fue propiedad de un conglomerado que en el mejor de los casos actuó como «padre ausente» y luego, de repente, la empresa se encontró siendo el foco de atención máxima de su nuevo propietario, un fondo de capital privado que quería saber hasta el último detalle sobre cómo se llevaba el negocio.

Necesitamos una evaluación de talento de todos los miembros de la plantilla —dijeron los nuevos dueños—, y que nos proporcionéis una foto detallada y fiable de la competencia. ¿Cómo podemos cambiar nuestro posicionamiento respecto a los competidores? ¿Cómo podemos cambiar el *juego*?

Mmmm... Digamos simplemente que, si esta conversación hubiera tenido lugar en un aula, los ejecutivos del fabricante habrían tenido suerte de lograr una nota de «incompleto». ¿Por qué? Porque, a todos los efectos, habían dejado de buscar la verdad sobre su negocio hacía años, cuando a sus propios jefes empezó a importarles un bledo. Como tanta gente en el mundo de los negocios, se habían acostumbrado a ir siempre a lo fácil, evitando el tipo de conversaciones complicadas y de preguntas complicadas que buscar (y encontrar) la verdad implica inevitablemente.

La verdad de decirle a la gente dónde están y de ser muy concreto sobre cómo pueden mejorar.

La verdad de hablar de cómo va el negocio y de los retos reales que se plantean de cara al futuro.

La verdad de escudriñar las asunciones que sustentan una estrategia de negocio, la confección de presupuestos y otros procesos. Que cada reunión, cada encuentro sea una oportunidad de llegar a la verdad de los asuntos. Que cada reunión, cada encuentro termine con esta reflexión de todos los participantes: «Con esta conversación, ¿hemos llegado a la verdad?»

Consideremos la estrategia. Hace unos pocos años, Terry Leahy, antiguo CEO de la cadena de supermercados británica Tesco, dijo que formular una estrategia era «un ejercicio consistente en buscar y buscar la verdad». Es una manera brillante de explicarlo porque, efectivamente, el proceso de las «Cinco Transparencias» que describimos en el Capítulo 2 depende de que se lleve a cabo un análisis en búsqueda de la verdad. ¿Cuáles son las *verdaderas* competencias de la empresa? ¿Qué aspecto tiene *verdaderamente* el terreno de juego?

Si quieres que tu estrategia sirva para algo, estas preguntas deben responderse con rigor. Esperamos que esta palabra te provoque un escalofrío. Debería. El rigor no significa sentarte a escuchar una presentación de Power Point hecha por un directivo que resulta que te cae bien y asentir con la cabeza mientras él o ella lanza precisas declaraciones sobre crecimiento de mercado, reacciones de la competencia y nuevos competidores. El rigor significa preguntar: «¿De dónde has sacado esos números?, ¿qué asunciones te han permitido llegar a estas conclusiones?, ¿qué tipo de tecnología, y procedente de quién, podría dar al traste con todo lo que estás sugiriendo?»

Una búsqueda rigorosa de la verdad tampoco significa, como en otro ejemplo que se nos ocurre, comprarte la presentación de Recursos Humanos durante una sesión de revisión de estrategia en la que se promete que un nuevo esfuerzo de contratación dará fruto en seis meses. Sí significa, en cambio, preguntar: «¿Hemos hecho la oferta correcta?, ¿qué empresas hay por ahí llevándose a la gente que queremos?, ¿qué hacen de manera distinta a nosotros?, ¿estamos aprovechando al máximo las posibilidades de LinkedIn para descubrir buenos candidatos?, ¿hemos ofrecido bonificaciones a nuestros empleados actuales para que nos ayuden a identificar dónde está el talento en el sector?, ¿cómo de competitiva es nuestra oferta salarial?»

En última instancia, buscar la verdad en el contexto de la estrategia es sencillamente lo que parece: una compulsión que te lleva a no aceptar nunca las asunciones y afirmaciones que te lleguen sin más ni más; un deseo insaciable por indagar más y más hasta tener delante la verdad sin interpretaciones ni sesgo en favor propio, gloriosa o aterradora, te guste o no.

Pensemos ahora en la confección de presupuestos. En la inmensa mayoría de las empresas, no hay proceso más carente de verdad. El sesgo en favor propio y los adornos están por todas partes, cada grupo entra en la refriega con sus intereses particulares en mente: los directivos de alto nivel quieren menos costes y más ingresos, y rebuscarán, ahondarán y achucharán para conseguir lo que quieren; en cambio las unidades de negocio, por su parte, suelen ir a las reuniones de presupuestos con una estrategia de defensa basada en cubrirse las espaldas, pues su objetivo es rebajar las expectativas para conseguir mayores bonificaciones por excederlas, y ellos también lo intentarán todo para lograr salirse con la suya.

Al final, los números siempre acaban en algún punto intermedio, ¿verdad? Y se habla demasiado poco de qué está pasando en realidad en el mercado, y, desde luego, no se habla lo suficiente de lo que podría lograrse si la gente dejara de regatear y empezara a hablar de oportunidades. Es todo un gran ejercicio de minimización y maquillaje.

Resulta increíble, sin embargo, lo profundamente enraizado que está este tipo de comportamiento destructivo a la hora de hacer presupuestos. Puede incluso darse en el caso del capital privado, donde los socios y los altos directivos de sus empresas están mucho más alineados que en el típico entorno empresarial. Al final, en el caso del capital privado, tanto socios como altos directivos son propietarios de una parte sustancial de la empresa y no hay razón lógica que pudiera llevar a estos últimos a pensar que puedan avanzar más en sus carreras falseando los números. Y, a pesar de todo, nuestra experiencia es que puede tardarse entre un año y 18 meses en lograr que la gente con un trasfondo corporativo típico abandone su mentalidad defensiva de protegerse colando goles con los presupuestos y empiece a sentirse cómoda hablando sinceramente sobre cómo, *juntos*, ambos bandos podrían lograr que el negocio creciera más rápido.

Pero, cuando lo hacen, ¡buf!, ¡la de posibilidades y energía positiva que se liberan! La gente empieza a decir cosas como: «¿Y si invertimos los beneficios del segundo semestre en el nuevo proyecto de I+D?» o «hablemos de comprar la empresa X y la empresa Y. Sí, puede que a corto plazo duela, pero podría traernos un éxito increíble más adelante». Dejar de cotizar en Bolsa y, por tanto, de tener que contentar a los analistas de Bolsa externos debería crear un entorno completamente nuevo. Deberían quedar atrás los días en que la confección del presupuesto era como ir al dentista a que te sacaran un diente. Las conversaciones giran en torno a las opciones entre las que se puede elegir, lo que habría que sacrificar y las oportunidades. En vez de minimizar, se trata de realizar un emocionante ejercicio de maximización.

Emocionante y muy satisfactorio porque, en los negocios, la verdad es un arma competitiva que hace a las empresas más rápidas, más justas, más flexibles y más creativas; hace de las empresas un lugar donde la gente quiere trabajar y contribuye con todo lo que tienen. Tal vez estés pensando que no estás suficientemente arriba en la organización como para convertir la búsqueda de la verdad en tu mantra. Es demasiado arriesgado; demasiado diferente. Aparta esos pensamientos de tu mente. Con sus considerables ventajas, con los resultados que genera, la verdad es para todos los líderes, a todos los niveles, desde el último jefe de equipo hasta el CEO. Claro está que se puede liderar sin ella, pero la pregunta es ¿por qué ibas a querer hacerlo así?

EL DIVIDENDO DE LA CONFIANZA

Confiamos en haberte convencido de que la búsqueda de la verdad es la esencia del liderazgo, pero hay una realidad a la que debes enfrentarte: nunca conseguirás la verdad si no hay confianza. La gente no siempre quiere oír la verdad pero tienden a confiar en quienes van con ella por delante, la exigen y desvelan en todo momento. Así que vamos a ver qué hace falta para sentar unos cimientos de confianza en tu organización por medio de una lista de acciones que se deben y no se deben llevar a cabo.

Lo primero en la lista de «lo que sí hay que hacer» es *tener un profundo interés en tu gente y su trabajo*. Si esta sugerencia te suena familiar es porque es un componente esencial de los cinco imperativos de liderazgo del Capítulo 1. Tomemos el mostrar el gen de la generosidad y eliminar los obstáculos como ejemplos. Ambas son maneras proactivas e inconfundibles de enviar el mismo mensaje: «Estamos juntos en esto».

Lo mismo transmites cuando defiendes a tu gente, sobre todo cuando están desanimados. Mira, es fácil animar a los subordinados cuando te vienen con una gran idea rompedora o cierran el año con unos resultados que se salen de la tabla. Es después de que una iniciativa se vaya a pique cuando necesitan que ratifiques públicamente el apoyo que en su día les diste y asumas tu parte de responsabilidad en el fracaso. Incluso en los casos en los que un miembro del equipo tiene que marcharse por haberse quedado verdaderamente demasiado lejos de los resultados que se esperaban, esa persona debería poder contar con que gestionarás su salida con dignidad y consideración. Dicho de otro modo, «lo que sí hay que hacer» en estos casos para fomentar la confianza es *cubrirle las espaldas a tu gente precisamente cuando se caen de espaldas y con todo el equipo*.

Y «lo que no hay que hacer» y está directamente relacionado, es algo que vemos demasiado a menudo: echar a correr como alma que lleva el diablo en cuanto un subordinado da un traspié con una apuesta arriesgada que habíais acordado en su día, lanzándote ahora en cambio a declarar a voz en cuello y en plena huida que «¡ya decías tú que no iba a funcionar!» Sencillamente está feo; es el tipo de cobardía que apesta a instinto de supervivencia por encima de todo y mata la confianza; la mata y además la mata en un instante. De hecho, nos atreveríamos a decir que nada destruye el vínculo de un líder con su gente más rápido que esto.

En una categoría similar podemos clasificar la cuestión de colgarse —o no— las medallas. ¿Has conocido a algún líder que recopile ideas o iniciativas (o ambas) de sus subordinados para presentárselas a sus superiores como propias? Qué majadero. Si eres un líder que se dedica a hacer transacciones con ideas inteligentes —¿y quién no hoy en día?— debes asegurarte de *atribuir siempre la propiedad de esas ideas* a su legítimo creador. Te ganarás una reputación de persona íntegra y, más aún, tu gente estará contenta de traerte sus mejores ideas.

Luego está la intervención de liderazgo de la lista de lo «que sí hay que hacer» de la que todo el mundo habla constantemente: escuchar. A menudo se dice que escuchar ayuda a los líderes a tomar decisiones mejores y más informadas, y, por supuesto, estamos de acuerdo. Pero a nosotros nos gusta la escucha como generador de confianza porque es una manera de mostrar respeto por tu gente. Hay que hacer una salvedad, eso sí: escuchar es muy importante en el día a día y los líderes eficaces incorporan la escucha como una práctica habitual en reuniones rutinarias y situaciones similares, pero lo que verdaderamente genera confianza son esos momentos en los que *escuchas cuando cuesta escuchar*: durante una crisis, por ejemplo, o cuando te llueven las malas noticias, o cuando te ocurre lo contrario y no sabes absolutamente nada del tema porque la cultura de la empresa es privar de información a todo el mundo. En ese tipo de situaciones, la gente está al borde del ataque de nervios, tienen miedo de quedarse sin trabajo, y hablar con franqueza en sentido ascendente en el escalafón requiere valor. De verdad. Y con frecuencia hay mucho debate interno y mucho dilema antes del momento de la verdad. Tú, como líder, te podrías atrincherar en tus reuniones con las altas esferas y aislarte de tu equipo. Sería una reacción natural, ya que tienes la impresión de ir avanzando por un campo minado. Y, sin embargo, es precisamente en una situación así en la que debes crear oportunidades para que tu gente comparta sus ideas contigo. Podrías acabar oyendo la verdad —algo que buscas desesperadamente, como ya comentábamos—, o sencillamente absorbiendo sus emociones. En cualquiera de los dos casos, escuchar a quien te habla con franqueza —fomentarla— es parte de tu trabajo.

Tomemos como ejemplo una adquisición de empresas que te coloca de la noche a la mañana al mando. En este caso también tendrás a la gente de los nervios, preocupados por un futuro que se les antoja incierto. Para muchos, una adquisición es poco menos que la muerte; todo su mundo ha quedado patas arriba. Y apareces tú por la puerta a paso ligero. Podrías empezar a dar órdenes a diestro y siniestro y a tomar decisiones unilaterales para demostrar tu autoridad. Podrías comunicarte solo hacia arriba; a fin de cuentas, te juegas mucho. Podrías traerte a tu antiguo equipo de tu puesto anterior como primera medida.

Por favor, no hagas nada de eso. Ya sea una crisis o una adquisición o cualquier otro tipo de lío, haz lo que sea para resistir el impulso de comportarte así y, en vez de eso, saca tiempo —por muy difícil que parezca en circunstancias peliagudas— para que la gente pueda compartir contigo sus ideas y puntos de vista, y para que tú puedas reflexionar de verdad sobre lo que te cuenten. No siempre estarás de acuerdo, pero darle voz a la gente es como darles dignidad, es un potenciador de la confianza cuyos efectos perdurarán mucho después de que la crisis haya pasado.

FOMENTO DE LA CONFIANZA EN TIEMPO REAL

Hay una porción inmensa del liderazgo que se desarrolla en reuniones, ¿verdad? O debería. En las reuniones es donde hablamos todos juntos del trabajo y de cómo lo vamos a llevar a cabo, donde compartimos información sobre la competencia, revisamos productos, charlamos sobre lo que está pasando a nivel de tecnologías, nos quejamos de los números de la semana, etc., etc. Y, sin embargo, con demasiada frecuencia las reuniones son anodinas y previsibles pérdidas de tiempo, en las que cada asistente comparte sin salirse del guión pero maquillando todo lo que puede un informe que el resto podría leerse por su cuenta sin problema. Se reducen a irritantes maniobras inútiles.

Pero el hecho es que las reuniones suponen oportunidades excelentes de fomentar la confianza si las planteas bien, es decir, si favoreces el debate abierto y alabas la valentía de alguien que se atreve a decir algo arriesgado, que va en contra de lo que dictaría la intuición o que cuestiona las asunciones de partida y, más aún, si regañas a los abusones que con demasiada frecuencia intentan silenciar las voces discordantes.

Tomemos como ejemplo el caso de John, el redactor jefe de una revista digital que convocó una reunión hace poco para hablar con su gente de «publicidad nativa», ya sabes, esos publirreportajes en los que muchas veces tardas unos cuantos párrafos en darte cuenta de que no lo son.

Vamos a ver, existe una larga tradición en contra de este tipo de publicidad entre los periodistas, que en gran número odian que el contenido publicitario se inmiscuya en sus muy nobles tareas. Precisamente, el objetivo que perseguía John con aquella reunión era aplacar una animadversión creciente hacia la vertiente comercial de la organización, prometiendo que la publicidad nativa nunca superaría el 10% del contenido de la revista, algo que ya había acordado previamente con el director financiero. Los empleados recibieron el anuncio de ese compromiso con vítores a los que siguió un cuarto de hora dedicado a despellejar a la publicidad nativa. Una verdadera sesión de tiro al blanco. Y, entonces, justo antes de que se terminara la reunión, John reparó de repente en un miembro del equipo editorial, Liz. Su primer acierto digno de un buen líder fue darse cuenta de que Liz era la única que no había abierto la boca en toda la reunión. Su segundo acierto fue invitarla a remediarlo: «Liz —dijo—, no hemos oído qué opinas tú. ¿A ti qué te parece?»

Al principio Liz no se animaba a hablar, pero aun así John insistió en que compartiera su opinión y, tras una pausa, ella por fin se lanzó: «Pues la verdad es que no estoy de acuerdo con vosotros —dijo—, yo creo que los lectores son suficientemente inteligentes como para distinguir entre publicidad nativa y contenido editorial, y hasta diría que mucha gente acepta la publicidad como parte de la experiencia de lectura en línea. Entienden por qué está ahí».

Se hizo un silencio atronador en la sala, pero John animó a Liz a que siguiera.

¡Y vaya si lo hizo! Antes de dedicarse a escribir, Liz se había pasado años trabajando en el lado empresarial de otra web editorial y, con el apoyo discreto de John, ese día les dio a sus colegas una edificante lección sobre las implicaciones económicas de no hacer publicidad nativa. No pareció haberse ganado ningún adepto y, de hecho, hubo un momento en que un miembro del equipo, de esos que no se callan precisamente, intentó cortar a Liz soltando un gruñidito acompañado de ojos en blanco.

John intervino para echarle la bronca: «Nick, córtate un pelo —lo regañó—. Liz acaba de demostrar que tiene algo de lo que nos haría falta un poco más por aquí: sinceridad».

Este último comentario de John, por cierto, es lo que denominamos «gestión de modelos de conducta», una herramienta increíblemente poderosa a la hora de fomentar un cambio de cultura, en la que el líder destaca (y alaba) el comportamiento de un empleado en concreto como el estándar que el resto deben admirar e imitar. Si quieres que se asimilen ciertos comportamientos, te faltarán manos para poner en práctica la gestión de modelos de conducta. La gente presta verdadera atención cuando se alaba (o denosta) a alguien en público. Nuestro mensaje principal es que la confianza se genera fomentando el debate auténtico. Imagina qué habría pasado si John no hubiera animado a Liz a exponer su opinión durante la reunión. «John se pasa la vida hablando de que somos un equipo —podría haber pensado ella con cierto resquemor— pero solo estás en el equipo siempre y cuando no discutas nada.»

Así que utiliza la gestión de modelos de conducta —o cualquier otro medio necesario— pero asegúrate de que la gente sepa que no hay una única voz que controla las conversaciones en tu organización. Cualquier otro comportamiento no se correspondería con la búsqueda de la verdad.

El riesgo de silenciar el debate abierto, tal y como acabamos de sugerir, es que los empleados se sientan excluidos. También se produce una dinámica muy parecida cuando los líderes minan la confianza de los empleados criticando a un subordinado en el transcurso de una conversación con otro. Básicamente, esta práctica tan extendida es, dicho de otra manera, cotilleo puro y simple; y es claramente de «lo que no hay que hacer» bajo ningún concepto. Pero el hecho es que se da todo el tiempo porque los líderes también son seres humanos y, por tanto, son más amigos de unos empleados que de otros. Como no tengas cuidado, para cuando te quieres dar cuenta (tú, el líder), estás en tu oficina charlando con Sal —con quien has ido a pescar el fin de semana—, bajas la guardia y empiezas a quejarte del mal rendimiento de Joe. Puede que al principio a Sal le haga hasta ilusión —¡lo consideras de tu círculo de confianza!— pero no tardará (salvo si Sal no es muy espabilado) en darse cuenta de que, si hablas de Joe con él, seguramente hablas de él con algún otro colega del equipo, como por ejemplo Tim o Lucy.

¡Ala! Acabas de llevar el ambiente de confianza de la empresa a niveles equiparables al de un bar de instituto.

En vez de eso «lo que sí hay que hacer» es *guardarte las con-*

fidencias para ti y, tanto en las conversaciones públicas como en las privadas, dejar bien claro que todo el mundo está en el mismo equipo. Eso no quiere decir que no te vayas a llevar mejor con algunos empleados; insistimos: eres humano. Pero sí que significa que se puede confiar en que no dejas que la amistad interfiera en tu sentido de la justicia.

Además de cotillear sobre un subordinado con otro subordinado, otra intervención de liderazgo «que no hay que hacer» porque aniquila la confianza es contar historias distintas dependiendo de con quién estés hablando. El hecho es que todos los líderes tienen que presentar informes sobre la evolución de la situación ante distintos interlocutores. Da igual si eres un jefe de equipo que rinde cuentas ante (a) su jefe, (b) tres colegas y (c) un puñado de clientes, o si ocupas el puesto de CEO y tus interlocutores incluyen al consejo de administración, los analistas de Wall Street, la prensa, etc. Para cualquier líder, a cualquier nivel, rendir cuentas ante diferentes «partes implicadas» es el pan nuestro de cada día. Lo que no puede serlo es adaptar sustancialmente la versión de los hechos que se dé dependiendo de a qué grupo se dirija, cambiar el énfasis, el grado de optimismo o los datos que se compartan. Los líderes que fomentan la confianza *cuentan la misma historia a todo el mundo todo el tiempo.* No hacerlo es letal, sobre todo en estos tiempos en que la información trasciende fronteras y muros. Todo el mundo se entera de todo, y las variaciones o discrepancias o los intentos de maquillar el mensaje sin duda acaban pasando factura. Así que no uses más moneda de cambio que la coherencia y disfruta de la confianza que recibirás desde todas las direcciones como resultado de ello.

Hablando de distintos interlocutores: cabe decir también que a los líderes a menudo les toca negociar con todos esos grupos, ya sea con líderes comunitarios, proveedores, clientes o sindicatos. Casi no hace ni falta apuntar que la confianza hace que estas conversaciones resulten más fáciles y productivas. Pero lo tenemos que mencionar porque también, con demasiada frecuencia, los líderes acuden a estas negociaciones con lo que llamamos la actitud del que se cree «el no va más»: parten de una postura poco realista o llegan con una mentalidad de ganar a toda costa.

A ver, las negociaciones con estos grupos requieren empatía. Si quieres fomentar la confianza, *olvídate de lo que tú quieres y ponte en el lugar de la otra parte*. Considera la situación desde su punto de vista, en el contexto de su historia, sus necesidades, sus riesgos, sus valores. Pregúntate: «Si estuviera sentado al otro lado de la mesa, ¿qué querría para mi equipo y para mí mismo?, ¿qué me molestaría?, ¿qué me parecería justo?» Solo con una mente —y un corazón— abiertos puede darse un verdadero diálogo. Es más: este comportamiento es una inversión de cara a futuras negociaciones. Si has jugado limpio, la otra parte asumirá que volverás a hacerlo, lo cual es siempre un buen punto de partida.

La última cosa «que sí hay que hacer» para fomentar la confianza que vamos a mencionar está relacionada con la desagradable cuestión de los despidos. Evidentemente ningún líder quiere tener que despedir a un empleado. A veces ese empleado puede haberse convertido en un amigo, o llevar décadas en la empresa. Otras veces te preocupa que el empleado en cuestión te demande porque considere que el despido es injusto, o que se marche a trabajar a la competencia para vengarse.

Independientemente de cuáles sean los detalles, despedir a alguien es prácticamente siempre una situación desagradable e incómoda que puede desestabilizar no solo a ti y al desafortunado empleado, sino a todo el equipo o toda la organización.

Si eres un líder, no hay manera más rápida de exacerbar una situación de despido que distanciarte. No quieres que sea tu problema pero es tu problema. Debes *responsabilizarte de todas las bajas*. Eres responsable del error que tú (o la organización) cometiste al contratar a esa persona, eres responsable de no haberle sabido dar el *coaching* necesario para mejorar su rendimiento y eres responsable de hacer que la salida de ese empleado sea lo más digna y elegante posible. Ciertamente, si no despides bien a la gente, no será solo ese empleado quien pierda su confianza en ti sino todo el equipo también.

Así que maneja los despidos con cuidado; con sumo cuidado. Eso no equivale a decir que pierdas el tiempo para retrasar el proceso innecesariamente; de hecho, una de las cosas más crueles que puedes hacer como jefe es dejar que un empleado se convierta en un «condenado a muerte» que vaga por la oficina mientras todo el mundo se mantiene a cierta distancia porque saben que su final está cerca. Eso es poner a una persona en una situación agónica para nada. Evítalo a toda costa.

Ahora bien, si has estado haciendo evaluaciones de rendimiento periódicas sinceras y veraces, ningún empleado debería sorprenderse al recibir la noticia de que tiene que iniciar el proceso de salida. Desde luego, en organizaciones que tienen sistemas de *feedback* muy eficaces, los empleados que no llegan al rendimiento esperado suelen recibir un aviso con seis meses de antelación y, con la ayuda de la organización misma, muchos encuentran otro trabajo mucho antes de que transcurra ese plazo.

Dicho lo cual, ese tipo de situación es, lamentablemente, muy poco frecuente. Muchas empresas informan a la gente de que se tienen que marchar y les piden que recojan sus cosas el mismo día en que deben abandonar su puesto. Salvo en casos de falta de integridad, nos espanta ese sistema. Pero, tanto si es la manera en que se hacen las cosas en tu empresa como si no, los buenos líderes acompañan a cada empleado que se marcha hasta el último momento del proceso de salida y lo hacen tratándolo con cariño.

Sí, con cariño, «hasta la puerta» con cariño. De hecho, se trata de mostrarle en su último día en la empresa el mismo afecto que cuando lo paseaste por la oficina presentándoselo a todo el mundo porque estabas orgulloso a más no poder de tu nuevo fichaje. Por supuesto que igual resulta increíblemente difícil recuperar esas emociones, pero debes hacerlo. Lucha contra la tentación de enfadarte con el empleado que se marcha o de echarle la culpa de la situación. Y, por el amor de Dios, incluso si el empleado no ha rendido como debía, sé tan generoso como sea posible con la indemnización.

Al hacerlo, demuestras poseer el tipo de integridad que genera confianza y que el empleado que se marcha sin duda apreciará, y en la que los que se quedan seguramente repararán con respeto (y alivio).

Lo gracioso del liderazgo es que, antes de convertirte en líder, estás contando los minutos que quedan para que te den el trabajo. Te mueres por recibir esa confirmación de tu valía, por asumir la responsabilidad y sí, incluso el «poder» para que las cosas se hagan como tú quieres. Por fin. Y entonces te ascienden a un puesto de liderazgo y, al cabo de un par de días, te das cuenta de lo abrumador que va a ser ese trabajo. Sí, es emocionante. Sí, puede ser divertido como nada. Pero también están los empleados, que quieren y necesitan tu atención más de lo que habías anticipado. Los competidores, que son más y más rápidos de lo que te esperabas. Las restricciones presupuestarias, que no te permiten la flexibilidad que confiabas en tener. Las perturbaciones económicas y tecnológicas, que se suceden sin descanso.

El único antídoto es la simplicidad. La simplicidad de liderar por medio de la verdad y la confianza. En todas y cada una de tus decisiones. En todas y cada una de tus acciones.

La verdad es una aventura que requiere determinación, un fuego personal e implacable que te impulsa, un deseo imperioso de saber qué está pasando realmente dentro y fuera de la empresa.

La confianza es un músculo fortalecido por el ejercicio diario. Es una disciplina que se perfecciona en los encuentros con tus empleados, superiores e interlocutores de todo tipo a los que rindas cuentas de algún modo.

La combinación de ambas, la doble hélice de la verdad y la confianza, desentraña el código del liderazgo en nuestros días.

9

Montar un equipo de 10

Es lunes por la mañana. Estás decidido a generar un ambiente de verdad y confianza en todo lo que hagas esta semana. Dicho esto, hay unos cuantos problemillas de los que te tienes que ocupar inmediatamente. Tienes que encontrar a alguien para una vacante clave que lleva sin cubrirse unas seis semanas, hasta el punto de que no sale el trabajo. Y también tienes que hacer algo —algo *increíble*— para evitar que tu mejor empleado se marche a trabajar a una *start-up* muy chula del sector tecnológico, de las que tienen la oficina en el garaje del tío del primo de alguien.

En este capítulo estamos hablando de bloquear y placar, de contratar y conservar.

Estamos hablando de hacer equipo.

Mira, todos los líderes, desde los más novatos hasta los que tienen más experiencia, saben que los grandes resultados los consiguen grandes equipos.

A veces esos equipos parecen surgir espontáneamente: todos y todo encaja, como por arte de magia. Pero, en la mayoría de los casos, formar equipo es una acción consciente; un proceso deliberado. Veamos cuáles son sus elementos esenciales.

INTRODUCCIÓN A LA CONTRATACIÓN

Los grandes equipos los forman grandes jugadores, por eso la contratación es condenadamente importante. Es una pena que también sea condenadamente difícil.

¿Por qué es tan difícil? Lo primero, porque hay auténticos profesionales de las entrevistas que luego se desmoronan cuando pasan a ocupar un puesto y tienen que enfrentarse al trabajo real. Pero, en la mayoría de las ocasiones, el problema eres tú, señor o señora directivo. Tú metiste la pata. Tú contrataste buscando la habilidad X cuando la que se necesitaba para el puesto era la habilidad Y. O eres tú quien no supiste ver que el candidato poseía en exceso un determinado rasgo de personalidad que es veneno para el trabajo en equipo. Pasa continuamente. De hecho, nuestra estimación es que si aciertas al contratar fuera en más de un 60% de las ocasiones y en más de un 80% si hablamos de ascender a gente de dentro, ya te puedes considerar poco menos que un superhéroe.

En vista de lo difícil que es acertar cuando se contrata, hay que estar preparado para no tomárselo demasiado a pecho cuando se cometa un error contratando. Sáltate la parte del bochorno. Míralo así: acabas de unirte a un club muy grande, la Asociación Internacional de Directivos Patidifusos «Pero Estaba Seguro de que Era el Candidato Perfecto». (Nosotros dos, sin ir más lejos, somos miembros.) Admite que te equivocaste al contratar y, por lo que más quieras, deja de hacerle el trabajo al nuevo para ocultar que te has equivocado ante tu jefe y tus compañeros. Al igual que con cualquier otro «crimen», la tapadera es peor que la ofensa original. Créenos, tus jefes han estado donde estás tú ahora y te respetarán por ser capaz de enfrentarte a la verdad. Asume tu error de cálculo, despide rápidamente pero con tacto y dignidad al candidato que no ha dado resultado y empieza otra vez de cero.

Empieza otra vez pero hazlo mejor. Empieza de cero pero con la lista correcta de características a cumplir por el candidato.

Porque usas una lista de control con las características que buscas cuando haces selección de candidatos, ¿verdad? La mayoría de los directivos lo hacen. El problema es que, como la selección de personal puede ser una tarea tan abrumadora, con el tiempo, muchos de nosotros acabamos confeccionando unas listas que parecen más bien un catálogo de nuestros errores, pues las forman todas las características que se nos escaparon, algo del tipo «Por lo que más quieras, no te olvides del conocimiento propio la próxima vez. ¡Arthur se conocía tan sumamente poco a sí mismo que volvió loco a todo el mundo!»

No la vamos a tomar con tu lista. Si llevas un tiempo contratando gente, seguramente a estas alturas la tienes bastante bien perfilada. Simplemente queremos decirte que lo más seguro es que no sea suficiente. Que no sea suficientemente *precisa*.

Las buenas listas de control —las mejores— van irremisiblemente unidas a la misión de tu organización. Y, si profundizamos más aún, veremos que están ligadas a *habilidades y conductas concretas* que has establecido que permitirán lograr esa misión. Sí, estamos hablando de la alineación otra vez. Claro que sí, porque la alineación es el manantial del que brota el éxito, es el nacimiento del río.

Ahora bien, entendemos que hay toda una serie de rasgos «absolutamente necesarios» que la mayoría de los ejecutivos buscan en un proceso de selección. La integridad es uno de ellos y, claro está, lo quieres tener en la lista. Se trata sencillamente de un requisito previo que dicta si se sigue o no, independientemente de lo atractivo que resulte el candidato en todos los demás frentes. En esta categoría de rasgos «absolutamente necesarios» también nos encontramos los ampliamente popularizados componentes de la inteligencia emocional: autorregulación, conocimiento propio, motivación interna, empatía y habilidades sociales.

Bien, bien, bien. Pero junto con todas estas cualidades admirables, tienes que —repetimos: tienes que— contratar en función de las habilidades y conductas innegociables y cuidadosamente identificadas que necesita tu organización para lograr su misión. Ese es el mensaje más importante en lo que respecta a la contratación y no nos cansamos de repetirlo. Hay que contratar deliberadamente. ¿Recuerdas que en el Capítulo 4, que trataba sobre la globalización, hablamos de un rasgo fundamental que debe poseer la gente que se ocupa de las operaciones en el extranjero para desarrollar su trabajo con éxito en nuestros días? Era discernimiento, que definimos como una combinación de conocimientos empresariales, sensibilidad cultural, confianza en uno mismo y la clásica sabiduría de toda la vida, que te indica cuándo presionar para que la empresa logre que las cosas se hagan a su manera y cuándo no, por respeto a las costumbres y tradiciones locales.

Ahora imagina que tu empresa tiene como parte de su misión la expansión en el extranjero. ¿Qué vas a buscar en la gente que contrates? No es una pregunta trampa; sí, la respuesta es, efectivamente, una dosis gigantesca de discernimiento.

Por medio de otro ejemplo, en el Capítulo 1 también hablamos de la transformación que realizó en su empresa Dave Calhoun, el CEO de Nielsen, la multinacional del sector de los estudios de mercado. Dave explicaba que la reinvención de Nielsen fue posible gracias a que se montó un equipo de gente prácticamente nuevo, y todos ellos adoptaron tres comportamientos que él y su equipo más cercano establecieron como necesarios para transformar un conglomerado de medios inmenso, anquilosado y lleno de compartimentos estancos en una organización ágil y altamente integrada que opera en el sector de la medición de los patrones eternamente cambiantes de consumo. El primer comportamiento para respaldar esa misión era la apertura mental a nuevas ideas; el segundo, una fuerte tendencia a compartir ideas cruzando fronteras organizativas; y el tercero, la capacidad para explicar a colegas y clientes la evolución caprichosa de los datos de manera sencilla.

Sin lugar a dudas, a medida que iba reconstruyendo Nielsen, Dave también contrató a gente con muchos otros rasgos adicionales: franqueza, compasión, energía etc., pero te garantizamos que la mayoría de la gente poseía los tres rasgos fundamentales que necesitaba. De no haber sido así, a Nielsen no le habría ido tan bien. Para contratar bien hace falta disciplina, no hay más. Hay que *saber* cuáles son las habilidades y comportamientos concretos que tu organización necesita para ganar la partida, hay que *investigar* a fondo los candidatos para ver si los tienen, y decidirse *solo* por la gente que los posee. Y la cuestión es que, de vez en cuando, aun con todo fallarás. Así va la cosa cuando se trata de contratar. Eso sí, usa el rigor para mejorar todo lo que puedas tus posibilidades de acertar. Contratar bien requiere lo opuesto a «tocar de oído».

Toda declaración como la que acabamos de hacer, viene siempre acompañada de unos cuantos apéndices y salvedades. Es como una especie de carpeta o lista de «¡pero ojo con esto otro!» que llevar contigo durante el proceso. En la nuestra estarían definitivamente estas notas:

- Independientemente de las tres o cuatro o cinco habilidades y comportamientos que tengas apuntados en tu lista de control para las selecciones de personal, asegúrate de que la lista incluya el cociente intelectual. En el mundo empresarial actual, no se compite en pie de igualdad sino que el equipo con la gente más inteligente es el que tiene las de ganar.

- La personalidad importa. Sobre todo si no es agradable. Al hilo de esto, hay una historia genial sobre Bill Clinton (de hecho la cuenta él mismo): cada vez que da una charla —dice— puede que en el público haya 10.000 personas entregadas pero, invariablemente, siempre identifica entre la muchedumbre al refunfuñón de turno y se pasa el discurso entero tratando de arrancarle una sonrisa.

  La gente tristona, prepotente, falsa o desagradable en algún otro sentido parece ingeniárselas siempre para no pasar desapercibida, ¿verdad? Y, en un entorno laboral, pueden arrastrar con ellos a todo un equipo. Claro está, si un candidato posee unos conocimientos tecnológicos increíbles y absolutamente necesarios para la empresa, se puede hacer una excepción; pero, en serio, hay que poner este listón en concreto bien alto. No existe ningún tipo de formación a la que puedas mandar a la gente para quitarles la energía negativa y una persona —sí, una sola basta— puede infectar a toda la organización con esa mala energía.

• Hay sectores, en particular las industrias creativas, que contienen un porcentaje más alto de lo normal de —¿cómo decirlo?— gente con tendencia a dramatizar. Ya sabes, esa gente a la que le encanta el espectáculo, sobre todo si los protagonistas son ellos. Por desgracia, este tipo de persona suele tener mucho talento, de no ser así no acabarían con tanta frecuencia en tu lista de candidatos preseleccionados y tú pensando: «Bob me encanta, pero parece un poco... emotivo de más».

El problema de la emotividad excesiva es que se expande hasta llenar todo el espacio disponible, esparciendo porquería como intrigas palaciegas, cotilleos y dilemas personales recurrentes. La gente se casa y se separa. Se compra piso. La mayoría de los empleados sabe cómo sobrellevar estos acontecimientos habituales en la vida de cualquiera, compartiéndolos con el resto del mundo en la dosis adecuada. En cambio, esta gente con tendencia a dramatizar no es capaz de pasar por todas esas circunstancias si no tienen público. En ocasiones tienen tanto talento que se les perdona la pérdida de productividad resultante. Pero, por lo general, no es el caso.

• Además, hay que tener cuidado con cualquiera que no asuma... pues... eso, que es humano. Hablamos de gente con un exceso de confianza en sí mismos. No nos malinterpretes. La confianza en uno mismo, en su justa medida, es absolutamente necesaria y el material con el que fabricamos nuestra capacidad de recuperación. Pero si tienes la impresión de que la persona que estás entrevistando tiene cierta tendencia a inflarse en vez de crecer, considéralo una alarma que te advierte del peligro de arrogancia. Y mantente a distancia.

- Por último, tu lista de «¡pero ojo con esto otro!» tiene que incluir la pregunta: «¿He verificado las referencias del candidato? ¿De verdad de verdad las he verificado?»

Sí, claro que nos hacemos cargo de que hay mucho de palabrerío poco fiable en todo el tema de las referencias porque, o bien el candidato ya se ha encargado de dar el nombre de alguien que lo va a poner por los cuernos de la luna —¿y por qué no iba a hacerlo?— o acabas hablando con un directivo que te suele despachar sin mojarse en absoluto con el proverbial «Tenemos como política de empresa no hablar de antiguos empleados».

No te quedes ahí. Déjate la piel hasta encontrar a alguien que conozca de verdad al candidato y fíjate bien en lo que te diga y lo que no. Si te dan una sarta de comentarios displicentes o pocos detalles sobre los logros no te apartes el auricular de la oreja, por fuerte que sea la tentación de hacerlo. Resiste también la tentación de inventarte excusas en nombre del candidato («Esa empresa es un desastre. No supieron valorar a Kathy»). Tienes que enfrentarte a las referencias que te den, en particular a las malas y poco agradables. Si no lo haces, cuando Kathy lleve ya tres meses y no consiga hacerse con el puesto, será a ti mismo a quien le vas a tener que chillar «¡Si es que ya te lo decía yo!»

EL SITIO DONDE QUEDARSE

Consideremos ahora a tu empleado que quiere irse a trabajar a la empresa que han montado unos colegas en un garaje; o a un *loft* en San Francisco; o a tu principal competidor. En otras palabras, hablemos de la retención del personal.

Hay montañas de libros y escritos sobre el tema de la retención, pero la verdad es que no entendemos muy bien por qué. El asunto de la retención es bien sencillo. Es cuestión de felicidad. Los empleados felices se implican en su trabajo, que les cuesta un esfuerzo pero en su justa medida, sus compañeros y clientes les caen bien y se preocupan por ellos de verdad, unos y otros les sirven de motivación para hacer las cosas como es debido, son productivos, colaboran, cooperan y prosperan.

Se quedan y participan.

¿No? Así que lo único que tienes que hacer tú es asegurarte de que tus empleados se lo estén pasando bien; de que miren al futuro con esperanza, tanto en lo que se refiere a sus carreras como a la empresa; de que se sientan realizados, desafiados, inspirados.

Tu trabajo es que sean felices.

Por favor, no le des excesivas vueltas a esta máxima ni te olvides de dónde empieza.

Empieza con el dinero.

A ver, a la gente le importa el dinero; y mucho. Por supuesto que sí. Con el prestigio no se paga el supermercado. No puedes mandar a tus hijos a la universidad con las galletas a cuenta de la empresa ni los viernes de vestimenta informal.

Por eso, como directivo del nivel que sea en tu organización, tienes que pagar generosamente y en base al rendimiento. Es un requisito básico tanto para la motivación como para la retención —o sea, para la felicidad—, y, sin embargo, es increíble la cantidad de líderes que olvidan este hecho, y más cuanto más arriba en el escalafón. No lo hagas. Haz memoria y, aunque puede que hayan pasado años o décadas desde entonces, trata de recuperar y aferrarte al sentimiento, a la sensación de calor en el pecho de tu primer aumento de sueldo, de la primera vez que te dieron una bonificación por buenos resultados o te ofrecieron opciones sobre acciones. Cuánta emoción. Qué fabulosa la sensación de tener un sinfín de posibilidades. La sensación de pertenecer a algo. Recupera y aférrate también a la sensación del día que te dieron un aumento de sueldo ridículo (por pequeño), o que no te concedieron la bonificación que te merecías; rememora lo desconectado que te hizo sentir todo aquello.

Si eres un jefe nuevo, vuelve al gen de la generosidad que hemos descrito anteriormente en este mismo libro. Quizá no naciste con él, pero nunca es demasiado tarde para adquirirlo. Disfruta concediendo aumentos de sueldo, incluso si el tuyo no ha sido el que te esperabas o querías. En cualquier caso, participa en la felicidad de tus empleados ya que, a fin de cuentas, estáis todos en el mismo equipo.

Ahora bien, por muy impactante que sea el dinero, por suerte no es la única herramienta para incrementar el cociente de felicidad de las personas.

También está el concepto «de 10».

Sí, «de 10». Nos referimos a un *entorno* divertido, emocionante, que ofrece la posibilidad de hacer cosas. Un entorno en el que la gente quiere ir al trabajo.

Por cierto, esto no es una amonestación dirigida a tu jefe, o para el jefe de tu jefe. Hacer que el entorno sea «de 10» es responsabilidad de *todos* los directivos, tanto si tienes un equipo de 3.000 como si son solo tres.

Muy bien, pero ¿cómo se hace?

El primer paso es comprender que, tarde o temprano, perderás a mucha de tu mejor gente, que se marchará para unirse a aventuras empresariales de todo tipo a menos que les ofrezcas algo así como el superbote junto con el salario, o sea: energía positiva, un viaje profesional que huela a «podríamos llegar a ser muy grandes», la oportunidad de hablar y ser escuchado, liberarse del yugo de la atrofia, la burocracia sin sentido y su habitual séquito de capas innecesarias de trabajo que solo sirve para mantener a la gente ocupada.

Es decir, perderás a tu mejor gente a menos que cuentes con una cultura empresarial que no paralice a las personas; se trata de dar libertad. Se trata de ofrecer una cultura que proporcione responsabilidad inmediata, diversión y recompensas financieras considerables si se consiguen grandes resultados. Una cultura donde nadie se sienta como el último mono y todos entiendan qué sentido tiene su aportación. Una cultura donde las grandes ideas que no funcionan se admiren por el esfuerzo que conllevan en vez de castigarlas. Una cultura en la que la gente pueda ascender por su buen rendimiento antes de haber hecho las horas de rodaje estándar establecidas oficialmente como necesarias.

Una cultura, en definitiva, que dé carta blanca a la gente para que sienta y actúe como si fueran propietarios de la empresa.

Sabemos que esas culturas tan brillantes pueden ser difíciles de inculcar en grandes organizaciones chapadas a la antigua, pero este tipo de empresa no es la única fortaleza inexpugnable, hemos visto culturas muy dadas a la parálisis (o reductos de ese tipo de cultura) en organizaciones de prácticamente todos los tamaños y tipos. Y entendemos que las empresas, sobre todo las más grandes, necesitan controles, en particular en el actual contexto económico posterior al asunto de Enron y la debacle del sector financiero.

Sencillamente no puedes permitir que los controles minen tus esfuerzos orientados a crear un lugar «de 10». En vez de eso, utiliza la verdad y la confianza para liberar las ideas de la gente y desenredar los procesos, y usa la gestión de modelos de conducta también. Cuando alguien contribuya a la diversión y la emoción en el equipo, reconóceselo en público, alto y claro. Y cuando alguien esté cargándose el ambiente «de 10», échale una bronca al mismo volumen.

En resumidas cuentas, lo que quieres, como líder, es montar un equipo que sea como la casa de aquel compañero del instituto que todos tuvimos: todo el mundo quería ir a su casa a pasar el rato porque era la más divertida, era donde pasaban las cosas, el sitio donde podías estar seguro de encontrar a tus amigos; el lugar donde querías ir a estar un rato después de cenar.

Ya sabes a lo que me refiero. Haz de tu «casa» un lugar donde la gente sea feliz y tú también serás feliz.

LOS (PARA NADA) TERRIBLES DOS

Incluso si ya has desarrollado una cultura «de 10», tenemos una buena noticia: puedes hacer todavía más para montar equipos excepcionales. Puedes diferenciar, y puedes dar autonomía y poder a Recursos Humanos.

Decimos esto a sabiendas de que, por supuesto, la diferenciación puede llevar a algunos a rebelarse y de que Recursos Humanos suele tener mala prensa.

Sin ánimo de ofender: mal y mal.

Hablemos de diferenciación lo primero.

Brevemente: la diferenciación es un sistema de evaluación del rendimiento que encarna el liderazgo basado en la verdad y la confianza. Por lo menos dos veces al año, todos los empleados se reúnen con su jefe. El jefe le pone al empleado delante una hoja, no más, a ser posible escrita a mano porque así resulta más personal, en la que aparece una lista de lo que le gusta del rendimiento del empleado en una columna a la izquierda y, en otra a la derecha, lo que se podría mejorar. Esto da pie a una conversación sobre qué está haciendo el empleado o empleada para lograr sus objetivos, estratégicos o financieros, y hasta qué punto ilustran estos los comportamientos clave de la empresa. Al final de la conversación el jefe habla en términos muy concretos: «Joe —dice—, eres genial, estás en el 20% mejor de todo el equipo, así que tienes mucho futuro aquí y vamos a subirte el sueldo más de la media para que se corresponda con tu contribución a la empresa y con el tiempo que esperamos que sigas con nosotros. Gracias». O tal vez diga: «Joe, lo estás haciendo bastante bien pero hay algunas habilidades que verdaderamente necesitas desarrollar y estamos deseando ayudarte a hacerlo. Estás en mitad de la tabla, en el 70% de en medio, y te vamos a dar un aumento en consonancia». O, finalmente, se puede dar el caso de que el jefe diga: «Joe, esto no tiene buena pinta. Como ya hemos hablado antes, llevas seis meses sin cumplir tus objetivos y, además, no compartes ninguna idea, que es uno de los comportamientos que más valoramos en la empresa. Estás en el 10% de la cola, así que no te vamos a dar ningún aumento de sueldo. Deja que te ayude a pensar en cómo encontrar otro trabajo que te vaya mejor a lo largo del próximo año».

Ahora bien, los críticos de la diferenciación —y son bastante virulentos— le suelen dar otro nombre: «clasificar y tirar» y se quejan de que es muy cruel con los de la cola a los que se les pide que se marchen, por no hablar de subjetiva. Nuestra respuesta es: ¿en serio?, ¿de verdad? A nosotros nos parece que, de hecho, la diferenciación da poder a los empleados al permitirles salir de la oscura incertidumbre que tanto abunda en empresas con malos jefes, y les permite tomar las riendas de su futuro.

Es terrible que así sea, pero el hecho es que esa transparencia y ese empoderamiento son poco frecuentes. En estos últimos diez años aproximadamente hemos tenido cientos de oportunidades de preguntar a multitud de personas: «¿Cuántos de vosotros sabéis qué opinión tiene vuestro jefe de vuestro rendimiento?» Con suerte, un 20% de los asistentes levantan la mano. Por lo general, más bien un 5%. ¿Hace falta que deletreemos «desmotivación»?

Otra crítica a la diferenciación es que es el anatema del trabajo en equipo. Los puestos entre los 20% mejores son limitados y —según argumentan estos críticos—, la gente empieza a competir a muerte para conquistarlos. Pero el hecho es que no pasa. Recordemos que la diferenciación se basa en el rendimiento de un empleado en base a números *y* comportamientos. Lo único que tiene que hacer el jefe es señalar claramente que el trabajo en equipo es un comportamiento que la empresa valora y recompensa. No se puede estar entre el 20% mejor —ni en el 70% de la media— si no das muestras de ese comportamiento. Así que, adivina lo que pasa... Efectivamente: trabajan en equipo como locos.

Pero olvidemos las críticas por un momento. Para empezar, es difícil saber cuántas voces críticas hay en realidad, y además podría darse el caso de que sean más si las medimos en rencor que si las contamos. Consideremos lo verdaderamente importante en relación a la diferenciación, que es cómo desencadena un ambiente «de 10» al crear una meritocracia.

A la gente buena le atraen las meritocracias. Es un hecho. La gente lista, la gente con talento, sabe lo que vale y quieren ganar, y les gusta relacionarse con gente que comparta ese sentir. Su sueño es trabajar en un sitio donde se les reconozcan sus méritos tanto a nivel de bolsillo como de alma. Por ejemplo, ningún empleado modélico querrá trabajar en un sitio donde le paguen lo mismo que al inútil al que le da todo igual, del cubículo de al lado, que a trancas y barrancas consigue cubrir el expediente. Una situación así se percibe como injusta porque es injusta. La verdad es que es sencillamente desesperante.

Ya nos damos cuenta de que la diferenciación no es perfecta. Ningún sistema de evaluación de rendimiento lo es. Pero, en nuestra experiencia, la diferenciación es el mejor que hay. Su claridad resulta liberadora. Genera ilusión y oportunidades y, para la gente que vale, eso es motivo para sonreír. Y para quedarse.

UN CONSTRUCTO NUEVO PARA RECURSOS HUMANOS

En 2013 el *New York Times* publicó una historia que contaba que muchas empresas del Silicon Valley no tienen departamento de Recursos Humanos porque es una función que se percibe como «los enemigos de la velocidad y la eficiencia». Por desgracia, salvo unas cuantas excepciones de perfil alto, los de Silicon Valley no están solos en esta cruzada anti Recursos Humanos. Nuestro argumento, en cambio, es que el departamento de Recursos Humanos no es una opción prescindible. En ningún sector. Y los CEO y altos ejecutivos tienen que asumir esa realidad. Sin un buen departamento de Recursos Humanos, el desarrollo profesional de la gente tiende a colarse por las rendijas sin que nadie se haga cargo y eso es peligroso, porque el desarrollo de las personas es parte integral de su felicidad.

A ver, tampoco queremos adoptar la postura del eterno optimista. Entendemos de dónde le viene esa reputación a Recursos Humanos: de que la mayoría de las organizaciones meten en el mismo saco la parte administrativa de Recursos Humanos y la función de Recursos Humanos propiamente dicha.

Eso se tiene que acabar.

Ya sabes a qué nos referimos al hablar de parte «administrativa»: la parte de Recursos Humanos que gestiona la nómina, las tarjetas de acceso al edificio y las prestaciones que ofrece la empresa. En un mundo ideal, tal y como nosotros lo vemos, esta parte de Recursos Humanos no pertenecería en absoluto a Recursos Humanos sino que la situaríamos en el departamento financiero. Así se liberaría a los que de verdad son de Recursos Humanos de todas esas tareas, permitiéndoles que se concentren en lo que de verdad debiera ocuparles.

En un constructo así, la función Recursos Humanos rinde cuentas directamente al líder y es un departamento compuesto por una combinación equilibrada de profesionales de Recursos

Humanos con amplia experiencia y directivos espabilados y orientados a las personas procedentes de todas las áreas funcionales. Un antiguo director de planta con experiencia de primera mano en producción sería un miembro ideal del departamento de Recursos Humanos, por ejemplo; como también lo sería una persona con años de experiencia al frente de una unidad comercial de distrito.

La cuestión es que Recursos Humanos debe contar con credibilidad en el mundo real y así, en vez de ver este departamento como los badenes de velocidad que frenan las carreras, se percibirá como un socio bien considerado que aprovecha las capacidades y conocimientos profundos de los jefes en primera línea y sus colegas para desafiar a los directivos de la empresa a que identifiquen a sus empleados estrella, el 20 % mejor, y al prometedor 70 % que está en la media, y a que diseñen oportunidades de formación y proyectos que supongan un reto, logrando así mantenerlos comprometidos y en constante crecimiento. También trabajan con el 10 % de la cola, facilitando su transición hacia otros puestos de trabajo, al tiempo que se aseguran de tener el banquillo lleno en todo momento, de manera que una vacante en un puesto importante se pueda cubrir con gente de dentro rápidamente y con acierto. En resumidas cuentas: Recursos Humanos no tiene nada que ver con tareas administrativas, sino que se trata de la gente —pura y simplemente—, de encontrar, formar, motivar y retener el talento.

¿Suena a que es algo opcional?

Para nosotros más bien suena a que son los cimientos de una organización donde el fomentar el trabajo en equipo es una prioridad absoluta y la gente buena se ilusiona con la perspectiva de contribuir y se compromete a quedarse porque sus carreras le importan a alguien además de a ellos mismos.

Ya nos damos cuenta, claro está, de que el tipo de Recursos Humanos que estamos describiendo suena a territorio exclusivo del CEO y a menudo lo es, pero si diriges una empresa pequeña o una división de una grande, o si estás montando un negocio, pongamos por caso, cualquiera de esas situaciones plantea una oportunidad para incorporar a una persona de Recursos Humanos a tu equipo. Si es el caso, aprovéchala: roba a esa persona de ventas o de producción que de manera reiterada da muestras de que se le da muy bien la gente, alguien con la credibilidad en la vida real de la que hablábamos, y conviértela en un responsable de Recursos Humanos que se dedique exclusivamente a ayudar a montar un gran equipo. El impacto te parecerá increíble.

Y además el impacto se producirá justo donde se necesita: en cómo se siente tu gente en el trabajo, en sus carreras, en la compañía en sí misma. Estés al nivel que estés como directivo, el crecimiento y el desarrollo de tu gente y, sí, insistimos, su felicidad, dependen de ti. Deja que Recursos Humanos te ayude a llevar esta carga.

En los negocios no pasa nada bueno cuando estás solo ahí fuera. Como ya apuntábamos, los negocios son el deporte de equipo por excelencia.

Por eso tienes que conseguirte los jugadores adecuados para que salten al terreno de juego contigo. En primer lugar, contratando en base a habilidades y comportamientos, con disciplina, con rigor y tomando como referencia una lista de control redactada cuidadosamente e inspirada en la visión de la empresa. La selección de personal ya es difícil de por sí; la improvisación no hace sino complicarlo todo aún más.

Una vez tengas a la gente adecuada, necesitas crear un entorno que los motive y anime a quedarse. Esto se consigue cuando trabajas de manera diligente para eliminar de la cultura la burocracia y los politiqueos, y llenarla en cambio de espíritu innovador y del tipo de oportunidades que hacen que la gente se sienta libre y los llevan a implicarse y contribuir como si la empresa fuera suya.

Esto también ocurre cuando utilizas la diferenciación para levantar el manto de incertidumbre que rodea en ocasiones la cuestión del rendimiento, dando así a empleados y los directivos por igual el poder de controlar su propio destino. La meritocracia mola.

Y, para terminar, también se logra cuando liberas a Recursos Humanos de las minucias administrativas para que se puedan poner a trabajar de verdad en lo suyo: identificar talentos, desarrollar carreras y ayudar a forjar el tipo de equipos que cambian vidas y empresas.

Pon todo esto en práctica a la vez y prepárate para un resultado de 10.

10

Genios, vagabundos y ladrones

¿Te acuerdas de 1971? Seguramente la respuesta será no para mucha de la gente que lea este libro y, francamente, nosotros tampoco lo recordamos con particular claridad. Richard Nixon era presidente de Estados Unidos. China era una fortaleza inexpugnable. Japón se estaba lanzando a la conquista del mercado americano de la electrónica. El galón de gasolina valía 40 céntimos y los ordenadores tenían el tamaño de una casa.

También fue el año en que Cher dominaba las listas de grandes éxitos con la canción *Gypsies, Tramps and Thieves* [Zíngaros, vagabundos y ladrones], la canción que ha inspirado el título de este capítulo. Cher, que por cierto es uno de los artefactos más duraderos de 1971, cantaba sobre una banda de marginados errantes. En este capítulo, hablaremos sobre un grupo completamente distinto de gente que no acaba de encajar, de hecho hablaremos de tres grupos distintos unidos por un rasgo común.

Todos son particularmente difíciles de manejar.

Para empezar, nosotros no hablamos de zíngaros sino de «genios», o sea, esas personas cuyo trabajo no entiendes ni podrías hacer tú mismo. Estos empleados suelen habitar una estratosfera de complejidad técnica; estamos hablando de programadores, expertos en análisis o ingenieros, o cualquier empleado cuyo cerebro sea como una caja negra para ti. En otro tiempo había un número reducido de empleados de este tipo. Para cuando llegabas a jefe habías pasado por la mayoría de los puestos en tu ascenso por el escalafón o habías tenido suficiente exposición a ellos como para entender los rudimentos básicos de todos ellos. Hoy por hoy, en cambio, puedes llegar a la cima de la función de marketing o finanzas —¡bueno, hasta podría darse el caso de que seas licenciado en literatura inglesa por la universidad de Duke, como en uno de nuestros ejemplos!—, y encontrarte al frente de decenas de informáticos de cuyo trabajo depende el futuro de la organización.

Luego también tenemos a los «vagabundos»: esas personas que en su mayoría trabaja desde casa o que son autónomos o gente contratada por proyecto. Seamos claros: no es nuestra intención menospreciar a nadie con el uso del término «vagabundos», lo utilizamos porque expresa muy bien su condición de gente sin ataduras y la naturaleza peripatética de este grupo. Forman parte del equipo y a menudo contribuyen muchísimo a este, pero no *están* y, como no se les ve, se corre cierto peligro de olvidarse demasiado de ellos con excesiva facilidad.

Y, finalmente, tenemos a los «ladrones». En otro capítulo de *El MBA para la vida real* hemos hablado de casos de falta de integridad y confiamos en haber dejado bien claro que nuestra conclusión, en última instancia, es que hay que tratar esos casos rápidamente, con dureza y en público. Citándonos a nosotros mismos: no tiene ningún sentido censurar los comportamientos reprobables en privado.

Ahora bien, no estamos hablando de ese tipo de ladrón. Nos referimos a una situación mucho más frecuente: empleados que te roban tiempo y energía, gente que no cumple y crea conflictos constantemente. Seguramente no te sorprenderá saber que nuestra postura respecto a estos despilfarradores de productividad es bastante dura, pero tal vez sí que te sorprenda leer a quién consideramos el «ladrón» más peligroso que pueda amenazar a cualquier tipo de organización. De hecho, no es un tipo de empleado sino un sentimiento: el miedo. El miedo a perder el trabajo, el miedo a que el sector se hunda, el miedo a la crisis económica. Si eres un líder, parte de tu trabajo es reconocer que mucha de tu gente va por la vida con la preocupación como eterna compañera de viaje. Y también es tu trabajo hacer frente a esa situación inmediatamente.

ABRIR LA CAJA NEGRA

Joey Levin recuerda su primer día como CEO de Mindspark, un desarrollador de software que crea, comercializa y entrega decenas de aplicaciones de escritorio para el mercado de consumo, más concretamente para clientes como Television Fanatic, Translation Buddy y Coupon Alert entre otros. Corría el año 2009 y, hasta ese momento, Joey siempre había trabajado en fusiones y adquisiciones, primero para Credit Suisse y después para la empresa del sector de medios IAC/InterActiveCorp, la casa matriz de la que dependía Mindspark. Y ahora, sin embargo, ahí estaba él, convertido en el nuevo líder de una empresa de software que empleaba a varios cientos de ingenieros informáticos.

«Nunca olvidaré la cara de aquel Director Técnico cuando nos conocimos. Dejémoslo en que su actitud era muy escéptica —recuerda Joey—: él sabía más de tecnología de lo que yo podría llegar a saber jamás, aunque dedicara el resto de mi vida a ello, y los dos lo sabíamos.»

Se dieron un apretón de manos.

—Tengo mucho que aprender de ti y estoy deseando empezar —dijo Joey para empezar la conversación.

—¿*Tú* quieres aprender de mí? —preguntó el Director Técnico a su nuevo jefe con incredulidad.

—Sí, porque no entiendo lo que haces y quiero entenderlo.

Joey recuerda que, en ese momento, todo cambió. «De hecho recuerdo que la expresión de su rostro pasó de escéptica a aliviada y abierta —cuenta Joey—. Fue como si se hubiera producido un momento de gran descubrimiento en el que nos dimos cuenta de que podíamos trabajar juntos y eso es exactamente lo que pasó.»

En la actualidad, Joey está a cargo de una división que factura 1.600 millones de dólares e incluye varios negocios de IAC (incluido Mindspark), pero aquella alianza temprana con el Director Técnico de Mindspark sigue siendo un excelente ejemplo de cómo hay que tratar a los «genios» de manera que todo el mundo salga ganando.

Una vez más, todo gira en torno a la verdad y la confianza.

El aspecto de la verdad empieza por que ambas partes comprendan que no puede haber y no habrá misterios en torno al trabajo. Eso significa que se espera de los jefes que pregunten, y pregunten, y pregunten otra vez sobre el trabajo hasta que lo entiendan a cierto nivel básico al menos, y que se espera de los «genios» que sigan respondiendo, y respondiendo, y respondiendo a las preguntas hasta ese momento, y no de mala gana sino con buena actitud.

A veces esta búsqueda de la verdad implica que el trabajo tiene que desglosarse en sus diferentes componentes, más pequeños y manejables. Joey Levin menciona el ejemplo de una adquisición en la que trabajó antes de llegar a Mindspark, en la que el Director Financiero informó a todo el equipo de alta dirección de que la empresa necesitaba urgentemente un nuevo centro de datos. Por el módico precio de 100 millones de dólares.

La petición resultó… digamos que… completamente inesperada.

Así que el equipo directivo empezó a indagar y a repasar la propuesta del Director Financiero sección por sección. «¿Por qué —preguntaron— necesitamos ser los propietarios del edificio? ¿Por qué tiene que estar ubicado exactamente en el lugar que propones? ¿Qué tipo de hardware se necesitaría? ¿Qué impacto tendrá cada componente del hardware sobre los resultados estratégicos que queremos conseguir?»

Esta última pregunta, que relaciona el trabajo con los resultados estratégicos, es particularmente importante a la hora de buscar la verdad. A fin de cuentas, los genios de TI no dejan de ser como cualquier otro tipo de experto funcional y su actitud es que, cuantos más lazos y más medallas consigan colgar a sus proyectos especiales, mejor. La diferencia es que, cuando la gente de otras funciones pide dinero, es más fácil entender de qué están hablando.

En resumen: el ejercicio de buscar la verdad en la adquisición resultó en una inversión en TI de 20 millones de dólares —y no 100— y la empresa no salió perjudicada por ello. De hecho, según cuenta Joey, la solución más barata acabó siendo más flexible y productiva.

¿Y qué pasa con el tema de la confianza cuando tienes un equipo de genios? La confianza, tal y como Joey aprendió en su primer día en Mindspark, surge del respeto. Y también surge de tener expertos muy sesudos que además posean los valores adecuados.

«Los mejores técnicos son bilingües —explica Joey—, hablan perfectamente el lenguaje de los técnicos porque son técnicos de verdad, pero también hablan a la perfección el lenguaje de los negocios. Son gente que adopta la misión y los valores de la empresa, que entienden qué actividades impulsan la facturación y cuáles incrementan los costes. Se preocupan por qué estará haciendo la competencia. Consideran los números como suyos.»

No pasa nada si tu máximo responsable de producto es un técnico cargado de conocimientos —añade Joey—, el tipo de visionario que planea por encima de las cuestiones prácticas de la cuenta de resultados y similares sin prestarles la menor atención. Pero ¿y su jefe? Su jefe no. Los directores técnicos tienen que respetar los plazos, los márgenes y las líneas de producto; y tienen que ser prácticos y analíticos.

«El mejor director técnico es una persona que quiera llegar a CEO algún día —apunta Joey—, porque no va a las reuniones a negociar, mareando los números hasta que se llega a un punto intermedio respecto de las posiciones de partida, sino que siente que estáis en el mismo equipo.»

Otro ejemplo excelente de cómo gestionar empleados del tipo «caja negra» nos viene de alguien a quien llamaremos Roger, el licenciado en literatura inglesa por la Universidad de Duke del que hablábamos antes.

Roger, de 34 años, está al mando de una empresa de diseño e instalación de alta tecnología audiovisual en Atlanta, y tiene a su cargo a 45 personas que, Dios sabe cómo, se las ingenian para hacer música, televisión e Internet, todo de manera instantánea y totalmente disponible en todo momento y lugar, para proyectos complejos de edificios comerciales. La mayoría de sus empleados son titulados superiores en ingeniería de sonido o tecnología y producción musical.

«Yo, de lo suyo, no sé absolutamente nada», reconoce Roger sin problema.

Como en el caso de Joey Levin, eso no impide a Roger tratar de enterarse: «Les hago un montón de preguntas —dice—. Me esfuerzo por demostrarles lo mucho que quiero aprender de ellos, y lo mucho que me interesa su trabajo, porque además es así».

Pero Roger considera que adquirir conocimientos técnicos es tan solo una pequeña parte de su trabajo. En cambio, la parte más significativa —la más importante— es montar un equipo que esté unido en torno al principal objetivo estratégico de la empresa. «Lo que más me importa, y lo que más le tiene que importar al equipo, es crear una experiencia de cliente excepcional —explica Roger—. En algunos casos, el cliente nos llega después de haber tenido una experiencia desastrosa con otro proveedor, o con uno de nuestros antiguos sistemas. En otros casos, estamos afianzando una buena relación. En cualquiera de los dos, se trata de conectar mejor con nuestros clientes.»

Para lograrlo, lo que Roger hace es prácticamente de libro; de hecho, aplica muchas de las técnicas para fomentar el espíritu de equipo que hemos presentado en este libro sin ir más lejos: se pone en el lugar de su gente, se interesa de verdad por sus vidas y sus intereses; trata de dar sentido al trabajo de su equipo.

«Intento todos los días que vean la imagen de conjunto, explicarles por qué la empresa está haciendo lo que está haciendo y por qué acoger ese cambio con los brazos abiertos va a ser genial para ellos y para los clientes —explica Roger—. Mi trabajo es mantener al equipo motivado e inspirado. Me veo como responsable de gestionar a gente a la que le encanta estar donde está.»

Por descontado que una parte de su responsabilidad es entender el trabajo pero, más que nada, es sobre todo cuestión de entender al trabajador.

«Yo creo que mi equipo se da cuenta de que me importan de verdad como personas —dice—, motivo por el que les parece que la fuente de todo lo que digo sobre el trabajo es de confianza, y eso nos ayuda a conseguir mucho todos juntos.»

En definitiva, resulta que gestionar genios no difiere tanto de gestionar meros mortales. No hay que dejar que esas capacidades únicas que poseen se interpongan a la hora de entablar una verdadera relación con ellos, construida sobre cimientos de verdad y confianza. A fin de cuentas, los genios también son personas.

PERMANECER CONECTADO (A TOPE)

La estimación actual del número de estadounidenses que trabajan desde casa es de uno de cada cinco, pero seguro que habría cabido esperar que fuera más en 2013, cuando Marissa Mayer, CEO de Yahoo, prohibió la práctica en su empresa. «Si queremos convertirnos en el mejor lugar del mundo para trabajar, la comunicación y la colaboración van a ser muy importantes, así que tenemos que estar trabajando codo con codo —explicó Mayer por aquel entonces—, por eso es tan crucial que estemos todos físicamente en las oficinas.»

Bueno, bueno, bueno. Marissa no habría provocado tanto escándalo si le hubiera dado por meterse con los cachorritos con lazo y los arcoíris. Aunque, sí, hubo quienes se pusieron de su lado, nosotros entre otros. Nuestra experiencia ha sido que, efectivamente, no puedes liderar una transformación sin que la gente esté presente. Pero, en general, las reacciones ante el «decreto» de Yahoo —en Yahoo y otros lugares— fueron más o menos por aquí: «Yo no puedo trabajar de otra manera» o «No se puede dar marcha atrás en el tiempo, es la forma de trabajar del futuro».

No nos vamos a dedicar aquí a defender el modelo de trabajo de «todo el mundo en la oficina de 9 a 5». Los empleados virtuales son una realidad y seguirán siéndolo. De hecho, el mismo estudio que estimaba que uno de cada cinco estadounidenses trabajaba desde casa también predecía que esa cifra aumentaría un 60% en los siguientes cincos años. (Este estudio lo realizó Telework Research Network y fue publicado por la revista *Forbes*.) Asimismo se identificaba una tendencia acorde en el caso de autónomos y trabajadores con contrato por obra, que por lo general trabajan a distancia y en muchos casos tienen varios clientes: ese grupo creció, pasando de 10 millones en 2005 a 42 millones en 2013.

Así pues, ¿qué pueden hacer los directivos para que la gente que tienen por ahí dispersa siga centrada en el terreno de juego?

La respuesta es utilizar todas las herramientas a su alcance para maximizar la socialización, que definimos como esas interacciones que garantizan que la cultura y el espíritu de tu empresa, sus valores y comportamientos, se apliquen y transfieran. La socialización no puede producirse por azar tampoco, tiene que ser una *verdadera* prioridad, hecha posible a través de la tecnología y ejecutada con una intensidad constante.

Un ejemplo potente de todo esto es nuestra experiencia con el Jack Welch Management Institute (JWMI) de la Universidad de Strayer. Nuestro MBA, que fundamos en 2010 y ahora ayudamos a liderar, es completamente en línea. Este formato se adapta perfectamente a las necesidades de sus 900 alumnos repartidos por el mundo entero, todos profesionales en activo que no tienen ni el tiempo para desplazarse al campus ni la flexibilidad necesaria para tomar clases presenciales todos a la misma hora. Nuestra escuela de negocios es tan virtual que la única ocasión en la que los alumnos se reúnen físicamente en los dos años que dura el programa es en el momento de la graduación.

Tenemos un equipo de 30 personas trabajando en la gestión del JWMI desde las instalaciones de la Universidad de Strayer en Hendon, Virginia, pero el claustro de profesores está casi tan disperso físicamente como el alumnado. Nuestros cuarenta profesores, todos doctores y muchos con un MBA a sus espaldas también, imparten sus clases desde todos los puntos de América del Norte. Algunos trabajan a tiempo completo para el JWMI, otros a tiempo parcial y se dedican también a la consultoría o son líderes empresariales. Su responsabilidad es impartir clases magistrales en base a los materiales del curso, participar activamente en los debates de clase, calificar exámenes y proyectos y, en términos generales, asegurarse de que los estudiantes estén contribuyendo al máximo y también sacando el máximo provecho posible a sus clases, de modo que el JWMI pueda cumplir su misión: «Apréndelo hoy. Aplícalo mañana».

El reto de gestionar a un profesorado tan disperso como el del JWMI corresponde sobre todo al doctor Michael Zeliff, el decano adjunto de profesores del JWMI. Mike ha trabajado tanto en el sector de la educación como en el de los negocios a lo largo de su carrera, y ha tirado de una y otra experiencia para crear toda una serie de mejores prácticas tendentes a perfeccionar la socialización.

La primera mejor práctica es una especie de proceso de gestión de las relaciones con el cliente o CRM que elimina la aleatoriedad de las comunicaciones entre Mike y los profesores. No vamos a entrar en los detalles ahora, pues son muchos, pero baste decir que el proceso sistematiza las llamadas diarias, los correos electrónicos, las sesiones de Skype, etc., de modo que ningún profesor se quede sin tener contacto directo con Mike todas las semanas. A veces, ese contacto dura un buen rato —una visita al profesor en su zona, una charla de una hora por teléfono, por ejemplo— y otras veces es más bien una llamada de quince minutos para comprobar que todo va bien. Pero, todas las semanas, todos los profesores diseminados por el terreno tienen una experiencia personalizada y cercana de socialización con Mike. Y, una vez al mes, los profesores de cada departamento se reúnen por Internet para hablar del desarrollo del programa y otras cuestiones académicas. Esta sesión, que facilita Mike, puede durar horas y es otro ejemplo práctico de socialización.

Ni que decir, por supuesto, que Mike no limita su comunicación con los profesores a esos momentos de contacto planificado. Como te puedes imaginar, los correos electrónicos vienen y van en grandes cantidades y se organizan rápidamente videoconferencias y reuniones a través de la web cuando hace falta. A lo que vamos es sencillamente a que no se puede dejar la socialización al azar de esas interacciones espontáneas. No bastan. La socialización debe ser intencionada.

Una segunda técnica que Mike utiliza para gestionar el claustro de profesores del JWMI es un cuadro de mandos que le proporciona continuamente datos sobre qué tal va cada profesor en las clases: con qué frecuencia interviene al hilo de comentarios de los alumnos, cuánto tarda en corregir, con qué frecuencia se conecta a la página del curso, etc. Estos datos se calculan siempre en forma de ratio, de manera que Mike pueda evaluar el rendimiento de los profesores. Por ejemplo, el cuadro de mandos podría mostrar que un profesor de marketing se encuentra en el 10% superior en lo que respecta a la frecuencia de comentarios sobre el trabajo de los alumnos pero también podría mostrar que los comentarios se encuentran en el 15% inferior en lo que se refiere a la longitud de los mismos. Esos datos permiten a Mike entablar con su equipo conversaciones de socialización con más sentido, ya sea como parte del proceso de CRM o espontáneamente.

Una última práctica que Mike utiliza para gestionar el claustro de profesores virtual del JWMI no es muy tradicional que digamos en un contexto académico, pero encontramos que sirve de catalizador: todos los semestres, los alumnos del JWMI califican a sus profesores antes de recibir las notas. A los profesores que hacen que los materiales del curso cobren vida e interactúan frecuentemente con los alumnos se les recompensa a nivel del alma y del bolsillo. Los que obtienen resultados en la media reciben *coaching* y a los que obtienen malos resultados se les da un toque de atención y se les concede un periodo de prueba para reconducir sus clases. Ya hemos visto que esta aplicación de la diferenciación es una forma muy potente de reforzar los comportamientos adecuados. Como beneficio añadido —y además es un gran beneficio—, este sistema de calificación de profesores los incentiva a interactuar entre ellos. Resulta que todo el mundo quiere hablar con el profesor que ha obtenido las calificaciones más altas en implicación de los alumnos, o con el miembro del claustro que puntúa más alto en «uso de los medios visuales». Como dice Mike: «A lo largo de mi carrera he conocido a muchos profesores que se veían todos los días entre sí y nunca intercambiaron una sola idea, solo querían hacer las cosas a su modo. Lo gracioso es que, gestionando un claustro virtual nos hemos dado cuenta de que se puede tener personal docente diseminado por todo el mundo pero dispuesto a formar un equipo que comparta ideas constantemente».

Nos encanta lo que está pasando en el JWMI, pero los ejemplos de técnicas de socialización no le son privativos, están por todas partes. Sue Jacobson es la CEO de Jacobson Strategic Communications, una exitosa empresa de Philadelphia con un empleado a tiempo completo, la propia Sue, y un equipo de 42 trabajadores independientes especializados en temas que van de la compra de espacio publicitario en medios a la gestión de crisis. Sue nutre su equipo principalmente de madres trabajadoras que han abandonado el mundo corporativo a cambio de la flexibilidad del trabajador autónomo.

El modelo de Sue funciona bien tanto para sus clientes como para la cuenta de resultados de la propia Sue, pero hace unos años se dio cuenta de que era un modelo que no contribuía demasiado a dar a sus colaboradores independientes la sensación de pertenecer a una comunidad, que era precisamente lo que muchos echaban de menos por trabajar desde casa. Y tampoco fomentaba el tipo de aprendizaje que es tan crítico a la hora de crecer. En respuesta a esa situación, Sue instauró la «ronda relámpago» de reuniones de los martes por la mañana, durante la cual todos los colaboradores independientes que estén trabajando en un proyecto tienen 5 minutos para para hablar del mismo.

«No son reuniones para echarse flores —explica Sue—, no permitimos que la cosa derive hacia ahí. Son reuniones para compartir, lanzar ideas entre todos y ayudarnos mutuamente.»

Y también resulta que son una de las partes favoritas del trabajo para muchos de los colaboradores de Sue: les encanta la camaradería y los consejos que suelen recibir, tanto que Sue cree que las rondas relámpago son uno de los motivos principales por los que su equipo se ha mantenido tan estable. Como todos sabemos, los profesionales independientes vienen y van según donde esté el trabajo y el dinero. En cinco años, Sue solo ha perdido a seis.

Una vez más, el motivo es la socialización.

Socialización. Cuando se trata de gestionar a «vagabundos» esa es la palabra que deberías tener presente en todo momento. Usa toda la gloriosa capacidad de la tecnología para mantenerte conectado y haz que sea un contacto intencionado. Nunca caigas en actuar como si aquellos que no ves no existieran.

EL ESTRUENDO DE LOS CHUPÓPTEROS

Hay empleados que literalmente le roban a la empresa, pero como ya comentábamos son pocos y, como también decíamos, lo que hay que hacer con ellos es sencillo: echarlos con cajas destempladas, sin miramientos, y asegurándonos de que se entere todo el mundo.

En cambio los empleados que te roban tiempo o energía son mucho más numerosos y, por algún motivo —¿sentimiento de culpa quizá?—, son de los más difíciles de llevar.

Empecemos por los que no llegan al rendimiento esperado, esos miembros del equipo cuyo trabajo, indefectiblemente, los coloca en el furgón de cola del 10% peor. En principio, aplicar la diferenciación dicta que los directivos deberían pasarse poco tiempo con esta gente e invertir poca energía en ellos salvo para facilitar su transición hacia otro trabajo ya que, en resumidas cuentas, los directivos deberían invertir la mayor parte de su tiempo en aupar, apoyar y animar a las estrellas de la compañía —los del 20% mejor—, y en asesorar y ofrecer *coaching* al 70% que está en la media.

¿Por qué casi nunca se hace así? En vez de eso, la mayoría de los directivos se ven a menudo arrastrados a reuniones que les chupan la productividad y envueltos en conversaciones paralelas poco útiles sobre los que no dan la talla. «Rick ha vuelto a no terminar la hoja de cálculo a tiempo y Sally se ha tenido que quedar toda la noche trabajando para que se la pudiéramos mandar a los clientes. ¿Qué vamos a hacer?» «Clare ha entregado fuera de plazo otra vez, pero no quiero achucharla con esto porque según ella tenía migraña.» «Ralph está consiguiendo hundir la moral de todo el mundo con sus bromas constantes sobre cómo la empresa está a punto de irse a pique. ¡A ver si alguien le dice que se calle!» Y además no son solo las conversaciones, la mayor sangría de energía por culpa de estos ladrones viene precisamente del esfuerzo que requiere superar sus advertencias y sus excusas y espolearlos para que, como primera medida, hagan su trabajo.

En el caso de la gente que no da la talla, si se retrocede un par de pasos para tomar perspectiva casi siempre es fácil ver lo que hay que hacer: necesitan marcharse lo antes posible. Pero, al acercarse a nivel de detalle, entonces las organizaciones acaban retrasando las salidas porque les preocupa la reacción emocional de los empleados al ser despedidos. Con frecuencia, los directivos se sienten culpables por echar a un amigo, o llenos de remordimientos porque no le dieron un *feedback* suficientemente sincero, o ambas cosas.

Así que acaban dando rodeos y retrasando el momento. Se reúnen con Recursos Humanos. Dan vueltas en la cama sin poder conciliar el sueño. Tenemos un amigo que es el CEO de una promotora inmobiliaria familiar con 300 empleados y nos contó que se pasó todo un verano haciendo acopio de valor para despedir a un empleado que llamaremos Harry, que llevaba 40 años en la empresa y se había hecho fuerte en el puesto de responsable de proyectos especiales. Muchos consideraban que esta persona era «el alma» de la empresa porque llevaba tanto tiempo, y además a Harry le encantaba contar historias heroicas de los primeros tiempos, cuando la empresa consistía en tan solo él y el padre del CEO con la oficina en un sótano... Pero al CEO actual y a su equipo directivo les constaba que hacía una década que este empleado no desempeñaba bien su trabajo.

«Perdí ya la cuenta de la cantidad de reuniones del consejo que tuvimos para hablar de Harry —nos contó nuestro amigo—. Nos preocupaba cómo se lo tomaría. Y nos preocupaba cómo se lo tomaría la organización. Hablamos y hablamos y hablamos, y nadie acababa de decidirse a agarrar el toro por los cuernos y hacer lo que había que hacer. Pura parálisis.»

Al final, después de todo un verano de bloqueo, el CEO llamó a Harry a su despacho y le pidió que se jubilara para Navidades.

Harían una gran fiesta de despedida y se le ofrecería un paquete de jubilación muy generoso. La puerta estaría siempre abierta. Para gran sorpresa del CEO, Harry no se sorprendió en absoluto. De hecho se mostró agradecido de que le ofreciera una salida elegante. Y, para sorpresa aún mayor del CEO, la reacción de la organización tampoco fue la que anticipaba: todo el mundo estaba encantado. Sí, a la gente le caía bien Harry, apreciaban su contribución a la historia de la empresa, pero todos habían hecho sus cálculos también y se daban cuenta de que hacía tiempo que le tocaba marcharse.

«Es increíble, la distracción y el peso que me había supuesto la situación de Harry —nos comentó nuestro amigo—. En cuanto se marchó, fue como si de repente tuviera montañas de tiempo libre que dedicar al negocio. Desearía haber tomado la decisión cinco años antes.»

Ese es el consejo que te damos a ti también si esta historia te suena aunque sea remotamente familiar. Como directivo, tu recurso más preciado es tu atención. Inviértela en tu mejor gente y en los que tengan el potencial de convertirse en los mejores.

La misma recomendación hacemos también para el caso de los creadores de conflictos empedernidos. Ya sabes a qué tipo de empleado nos referimos, esos que consideran que es parte de su trabajo —o de su persona— estar en desacuerdo con prácticamente todo y todos. A ver, a veces este tipo de persona resulta muy útil porque desafían el statu quo, impiden el pensamiento en bloque. Y, además, en muchas ocasiones, su rendimiento es excepcional. De hecho, consideran que sus resultados son como una especie de escudo que los protege: no me puedes echar, te resulto demasiado valioso.

Una vez más, este tipo de empleado tiende a robar tiempo y energía, y no solo a sus jefes directos sino a todo el mundo, ya que hacen que las reuniones se conviertan en debates en torno a sus objeciones u opiniones. Tú, como jefe, no puedes permitir que eso ocurra. Un cierto grado de conflicto es bueno, pero las objeciones deberían venir de todos los miembros del equipo. Si vienen solo de una persona y hasta el punto de convertirse en una distracción, ha llegado el momento de decirle a esa persona adiós. Mantener a un creador de conflictos empedernido en el equipo no te convierte en un buen jefe que se preocupa por que haya equilibrio y diversidad sino que te hace víctima de un robo.

EL PARALIZADOR

Para terminar, hablemos de algo que la gente del mundo de los negocios odia reconocer que sienten: miedo.

Los días en que la gente pensaba que tenía el puesto garantizado y que el futuro de sus empresas y sectores estaba asegurado son historia. Todos hemos visto cómo despedían a gente —incluso gente con mucho talento— a nuestro alrededor. Todos hemos asistido a la quiebra de empresas, sectores enteros incluso, en cuestión de meses.

En el mundo feliz de la competencia global y el estancamiento económico, el miedo siempre estará ahí.

Es parte de nuestro trabajo como líderes gestionar esa realidad, hablar de lo que de verdad deben temer los empleados y de lo que son solamente rumores y conjeturas porque, si no lo haces, te garantizamos que su imaginación los llevará a lugares muy poco productivos.

Conocemos a un jefe de ventas regional que llamaremos James quien, durante seis años, vio cómo su carrera ascendía meteóricamente al tiempo que ayudaba a su equipo a incrementar las ventas casi un 10% por año. Pero entonces un competidor en línea con un crecimiento increíble convenció a la jefa de James —la directora general— para que se marchara con ellos. ¿Qué fue lo primero que hizo esta? Llamar a James para que se le uniera.

«Se tiró directa a la yugular —recuerda James—: me advirtió

que, a juzgar por lo que les había oído comentar a sus jefes antes de marcharse, nos íbamos a ir a pique en cuestión de meses. Dijo que por eso había saltado en marcha, que sospechaba que el sector entero peligraba porque estaba muy centrado en las instalaciones físicas y nuestros clientes cada vez compraban más en línea, donde a nosotros nos costaba tener presencia.»

Durante días, James apenas pudo trabajar. ¿De verdad estaba la organización al borde del colapso? De ser así, ¿por qué no decía nada el CEO? Sabía que el sector pasaba por una especie de calma chicha, pero todo lo que había leído al respecto lo había convencido de que se recuperaría.

James empezó a hablar con sus colegas sobre sus preocupaciones, una respuesta natural pero que corrió como la pólvora. Al poco tiempo, cada vez que unos cuantos empleados estaban juntos por el motivo que fuera acababa saliendo el tema. ¿Estaba la empresa en dificultades? ¿Se avecinaban los despidos?

En el caso de James, su miedo lo había provocado una persona que se proponía algo con ello —su antigua jefa había salido de caza—, pero el miedo puede proceder de las fuentes más variadas: noticias de prensa, analistas, competidores. Da igual. La respuesta de un jefe debe ser la misma en todos los casos.

Total sinceridad. Sobre el rendimiento y trayectoria profesional de cada persona, sobre la situación financiera del negocio y sus perspectivas de crecimiento, y sobre cuál es, hasta donde tú sepas, el futuro del sector.

El hecho es que la ausencia de información no hace que la gente se enfoque más en lo suyo. La falta de información en el trabajo, sobre el trabajo, no es una bendición. La falta de información es una invitación a regodearse en la preocupación, actividad improductiva donde las haya.

Franklin Roosevelt tenía razón: lo único a lo que hay que temer es al miedo mismo. Como líder, tu trabajo es aniquilar ese miedo diciendo la verdad incansablemente, en los buenos y los malos tiempos.

No vamos a concluir este capítulo hablando de Cher otra vez, aunque nos encanta que el título de su canción nos haya proporcionado el marco idóneo para hablar de estos tres grupos que operan, por así decirlo, «fuera del campamento».

Los genios son un tipo de empleados que está aumentando en número e importancia. Luego tenemos a los «virtual-itas» que trabajan desde casa ya sea a tiempo completo o como trabajadores independientes, o son empleados que están siempre de viaje, y que también están creciendo en importancia. Y, por fin, hay un tercer grupo que hemos llamado los ladrones de tiempo, algunos evidentes (los que no dan la talla) y otros menos, como los creadores de conflictos o de incertidumbre.

Ahora tienes un arsenal de tácticas y técnicas para gestionar a estos tres grupos. A los genios hazles preguntas; indaga e indaga. Al mismo tiempo, muéstrales que te importan, conócelos en su faceta personal. Divide los proyectos en partes más pequeñas para que sean más comprensibles. Con los empleados a distancia, haz que tu comunicación con ellos sea deliberada; implanta procesos y tecnologías que maximicen la socialización. Y, con los ladrones, contraataca con valor y honestidad.

No es ninguna sorpresa que todas estas prácticas de gestión se resuman como verdad y confianza. Busca (y di) la primera de manera incansable, fomenta la segunda sin descanso. A fin de cuentas, da igual qué tipo de personas estés llevando, ¿no? Ya sean genios o gente normal, «vagabundos» virtuales o habitantes de cubículo, propagadores o asimiladores del miedo, todos necesitan un líder que sepa cómo convertir a un grupo de compañeros de viaje en un equipo.

PARTE III

SE TRATA DE TI

11
¿Qué debería hacer con mi vida?

Durante algo más de la última década hemos escrito muchísimas columnas sobre negocios, y cuando decimos muchas nos referimos a más de 500. Los temas que hemos tratado van de los clásicos perennes como los principios del liderazgo, hasta la última hora periodística del momento, tipo el contrato de Joe Torres con los New York Yankees. Algunas de estas columnas se han recibido con aquiescencia general mientras que otras han levantado un torbellino de controversia e improperios. Pero pocas han provocado un torrente de emociones como el que generó la titulada «Cuatro razones para dejar el trabajo» que, en un abrir y cerrar de ojos, recibió más de 750.000 visitas y casi mil comentarios hechos con el corazón y que partían el corazón en algunos casos...

Demasiada gente se pasa el día en sus mesas de despacho preguntándose «¿qué demonios hago yo aquí?»

Y, sin embargo, como ellos mismos admiten, muchos siguen ahí. En algunos casos la culpa es de la inercia. En otros, la gente no tiene las oportunidades de carrera que les permitirían dejar un trabajo que no les gusta o están limitados por las restricciones que les impone su estilo de vida, o ambos. Citando uno de esos comentarios: «En estos años de recesión... tienes que aguantar en tu puesto, sea cual sea la situación».

Pero hay demasiada gente en puestos del tipo «sácame-de-aquí-ahora-mismo» porque no saben qué otra cosa hacer con sus vidas. Lo único que sí saben es que no es lo que están haciendo en este momento.

¿Te suena? Si es así, sigue leyendo, porque el objetivo de este capítulo es ayudarte a solucionar ese problema.

CITA CON EL DESTINO

Hace unos cuantos años participamos en la serie en línea patrocinada por Microsoft *It's Everybody's Business* [Los negocios son asunto de todos], en la que en cada episodio visitábamos una empresa a la que ayudábamos con el trabajo en equipo en relación a un problema concreto al que se enfrentara la organización. Fue en ese contexto de diversión —que lo fue y mucho, muy divertido, desde luego— en el que acabamos asesorando a Hertz sobre el lanzamiento de su servicio de coches compartidos por horas, que por aquel entonces se llamaba Hertz Connect. (Ahora se conoce como Hertz 24/7.)

Durante el proceso conocimos a un ejecutivo de Hertz de 42 años llamado Griff Long. La verdad es que era difícil no reparar en él porque tenía una energía que se puede describir como cinética: le pasaba un poco como al *Increíble Hulk*, siempre parecía estar a punto de estallar el traje. No tardamos en darnos cuenta de que Griff, o estaba tratando de convencer a los altos directivos de la empresa de que debían ponerlo al frente del nuevo proyecto de la compañía, o estaba corriendo 30 kilómetros diarios, y luego nadaba y hacía bici. Los fines de semana los dedicaba a competir en triatlones o entrenaba a otros triatletas.

Griff consiguió acabar al mando de Hertz Connect pero no duró mucho en el puesto, y lo contamos como una gran noticia porque a él también se lo pareció, pues se marchó para trabajar en Equinox, la exclusiva marca de *fitness* y estilo de vida. Ahora se pasa los días abriendo nuevos clubes, reuniéndose con directivos de Equinox y sus mejores entrenadores y elucubrando nuevas maneras de conseguir que más gente haga deporte más a menudo.

Para el trabajo de Equinox, Griff tuvo que olvidar un poco del tema de la mejora salarial y trasladar a su familia a más de 2.400 kilómetros, pero este es el balance que hace él mismo de su situación actual: «Soy muy feliz y mi mujer y mis hijos también están mucho más felices. Nunca tengo la sensación de estar trabajando, nací para hacer lo que hago. Lo único que lamento es haber tardado veinte años en llegar hasta aquí».

¿Quién no conoce historias parecidas a la de Griff? La doctora que abandona la medicina al cabo de 50 años para convertirse en fotógrafa... El alto ejecutivo de una gran multinacional que abandona el barco para dirigir un museo o dedicarse a la docencia. Además, el relato es siempre el mismo en esencia: años o décadas de «cautiverio» que se cambian por una segunda oportunidad para vivir de manera auténtica y, como moraleja de la historia, el concepto de dedicarte a lo que te gusta.

Todas esas historias de gente que se reinventa son admirables, pero también hay que decir que probar diferentes trabajos (e incluso sectores) durante un par de años antes de decidir la trayectoria de la carrera profesional es normal y necesario, un ejercicio de exploración muy sano.

Lo que nos apena es lo mucho que retrasó Griff el encuentro con llamémoslo su karma profesional. ¡Veinte años!

Es normal, pero no tiene por qué serlo, porque hay un antídoto: un proceso de evaluación de la carrera profesional denominado Área de Destino (ADD).

Así funciona: imagina tu vida como dos superautopistas, por una de ellas circulan las cosas que se te dan muy bien, y, por la otra, las cosas que verdaderamente te encanta hacer. Ahora imagina que esas dos superautopistas se cruzan. Justo ahí, en la intersección de tus habilidades y tu felicidad, se encuentra el lugar sobre el que deberías construir tu carrera en un mundo ideal.

¡Guau!, ¿verdad? Pero ¿quién lo hace?

Pues Griff Long, él lo hizo... al final. Lo que suele ocurrir es que la mayoría de la gente empieza su carrea sin un ADD como objetivo y más bien construyen su carrera en base a lo que se les da más o menos bien en el colegio. Por ejemplo: alguien que saca sobresaliente en ciencias políticas se hace abogado, o un estudiante que destaca en literatura opta por el mundo editorial. Otra opción por la que se decanta mucha gente es seguir el consejo de los padres, que suele ser algo así como: «Ahora hay mucho trabajo en el sector de la tecnología» o «si te dedicas a la contabilidad nunca tendrás problema para llegar a fin de mes». También se da el caso de gente que acepta una oferta sin pensarlo demasiado porque les permite vivir en casa un par de años o quedarse en la misma ciudad que su pareja.

Tanto en teoría como en la práctica, el ADD elimina de un plumazo estos desatinos profesionales basados en dejarse llevar por el impulso que traes. Enfaticemos también esta palabra: «impulso». Con mucha frecuencia, esta es la razón por la que pasan las cosas en la vida: la universidad a la que vamos, dónde acabamos viviendo y sí, también, dónde trabajamos. El ADD impide que sea por aprovechar el impulso, es un antídoto contra esa manera de funcionar, uno de los mejores que conocemos. El ADD te incita a pensar sobre quién eres y qué haría tu vida fructífera en términos de sentido, impacto y felicidad. Citando a Mark Twain: «Los dos días más importantes de tu vida son el día en que naces y el día en que descubres para qué».

El ADD trata ante todo de acelerar la llegada del segundo.

Tal vez ese sea el motivo por el que realizar una evaluación del ADD no es particularmente fácil. Hay que ir al fondo de las cosas. Hay que pelearlo. Hay que ser de una honestidad brutal sobre las propias habilidades, capacidades y valores. Igual hasta necesitas hacer un ejercicio profundo de introspección.

Consideremos la primera superautopista, la de las cosas que se te dan muy bien. No se trata de lo que se te da bastante bien o más o menos bien, ¿de acuerdo? Esa lista, para la mayoría de las personas sería razonablemente larga: se me da bien redactar presentaciones, puedes estar pensando; no soy nada malo con las matemáticas; soy de los que consigue que se hagan las cosas. Lo que sea. Hay hordas de gente en el mundo que, gracias a unos padres aceptables, educación y dones naturales, son por lo general bastante competentes.

Así que olvidémonos. El poder del ADD reside en el «muy». ¿Qué se te da mejor que a la mayoría? Más aún: ¿qué se te da mejor a ti que a *prácticamente todo* el mundo?

Ante esta pregunta, debes afinar tu respuesta. «Soy particularmente bueno traduciendo complicados conceptos científicos a un lenguaje que todo el mundo entienda —dirías tal vez—, la gente siempre me felicita por eso.» O «se me dan muy bien las matemáticas cuando se trata de analizar el coste y la rentabilidad de una nueva empresa». Incluso «soy un crack consiguiendo que el equipo haga las cosas cuando los plazos son muy justos, y sobre todo si la gente no se lleva bien, porque tengo un verdadero don para fomentar el consenso».

En los últimos años, —empezamos a utilizar el análisis del ADD en 2010— hemos oído todo tipo de respuestas altamente específicas a esta pregunta. Una mujer —licenciada en Filología Clásica que contemplaba con poco entusiasmo la posibilidad de centrar su carrera en la docencia— acabó definiéndose con un «soy increíble consiguiendo que los desconocidos se sientan a gusto. Siempre me lo dicen. Y supongo que es verdad». Ahora está feliz como responsable del campus en Grecia de una universidad estadounidense. Un cazatalentos de una empresa de selección de personal, que a sus veintitantos años ya sufría una crisis profesional provocada, según sus propias palabras, por un «aburrimiento incurable», aventuró: «Soy mejor que nadie conectando con chavales problemáticos. Siempre acaban hablando conmigo y yo con ellos, es una atracción mutua. Ellos necesitan hablar y a mí me gusta escuchar». Dejó su puesto en la gran empresa para trabajar en un programa de educación en zonas rurales apartadas dirigido a estudiantes de instituto con problemas.

No es posible sobrestimar la importancia de tomarse el tiempo de identificar las habilidades, capacidades o rasgos (o un par) que verdaderamente te diferencian del resto de la manada. Reflexiona sobre tus experiencias vitales desde el colegio, pasando por los campamentos de verano y las situaciones familiares y laborales. ¿Cuándo has brillado particularmente? ¿En qué situaciones tuviste el mayor impacto? ¿Fue como pacificador, negociador, persona que sabe escuchar, persona que logra persuadir, analista, inventor, crítico, facilitador o competidor? La lista de posibilidades es tan larga como la capacidad humana de alcanzar la excelencia.

Identificar los «temas» de la segunda superautopista es algo más fácil. La gente tiende a saber de manera bastante espontánea lo que le encanta hacer, porque rara vez tienen oportunidad de hacer todo lo que le gustaría. Pero, para conferir rigor al proceso, piensa en tu agenda de la semana o el mes o el año que viene: ¿qué actividades esperas con más anticipación que cualquier otra cosa en este mundo?, ¿cuáles son las que te provocan más ilusión, más expectativas e incluso más alegría?, ¿presentar el nuevo plan de negocio al equipo?, ¿dedicarte, solo o con un colaborador cercano, a elucubrar durante horas sobre una decisión estratégica?, ¿reunirte con amigos para cenar y disfrutar una larga sobremesa?, ¿ofrecerte voluntario para trabajar con los niños de una escuela de la zona en un programa de mentores?, ¿viajar a lugares donde no has estado nunca? Una vez más, la lista puede ser larga y tal vez haya un montón de cosas que te guste hacer pero, para realizar una buena evaluación del ADD, debes reducir tu selección. ¿Qué actividades, empresas y pasatiempos te entusiasman de verdad?

Una vez hayas respondido a las dos preguntas de las «superautopistas», para definir tu ADD ya solo queda identificar los sectores, empresas o ámbitos de actividad que hay en la *intersección* de tus superautopistas. Hay veces que resulta obvio, a veces no tanto por la sencilla razón de que la vida, con todas sus restricciones financieras y personales, puede impedirlo.

La de Griff Long era una situación del primer tipo, pues se trataba de un excelente deportista que también destacaba a la hora de ayudar a otros a hacerse deportistas de un modo muy organizado y disciplinado. También era una persona a quien lo que más le gustaba en esta vida era hacer deporte o hablar de entrenar con otros fanáticos del deporte. Después de pasarse décadas trabajando en el negocio del alquiler de coches, no es de extrañar que diera la impresión de que iba a implosionar cuando lo conocimos: se tiraba la mayor parte del día haciendo trabajo de oficina, que no era en absoluto el tipo de actividad que mejor encajaba con sus habilidades y desde luego no le satisfacía a nivel emocional. Por suerte, había todo un sector que sí encajaba perfectamente.

En contraste con Griff, consideremos ahora el caso de un conocido al que llamaremos Jim, para quien descubrir cómo hacer que su carrera aterrizara en la intersección de su ADD fue más complicado. Jim estudió teatro musical en la universidad y tras su graduación se mudó a Nueva York para intentar abrirse camino en Broadway.

Tal y como les ocurre a tantos otros, no lo consiguió en Broadway, así que al cabo de un par de años volvió a la universidad para estudiar paisajismo. ¿Por qué? Bueno, siempre se le había dado bien el dibujo y le gustaba estar al aire libre. Además, parecía que podía ser una ocupación estable. Se dijo a sí mismo que era una solución suficientemente buena.

Y desde luego que lo fue durante 15 años. Jim se graduó, encontró trabajo en una buena empresa, lo hicieron socio, se casó y tuvo dos niños. Y los fines de semana «se daba el capricho» —según sus propias palabras— de dar rienda suelta a su faceta musical cantando en el coro de la iglesia.

Pero le faltaba algo. Él lo sabía. Su mujer lo sabía. Y ese «algo» era sentirse realizado a nivel profesional. Tener ilusión. Tener esperanza.

Que haga su entrada el ADD. Utilizando esta técnica, Jim hizo un descubrimiento sobre qué se le daba muy bien que lo sorprendió un tanto: era hacer que los equipos se cohesionaran.

Se acordó que, en la universidad, los directores solían poco menos que pelearse entre ellos para que Jim estuviera en sus producciones teatrales; había algo en su actitud positiva, energética y nada dramática (en un ambiente en el que abundaban los reyes y reinas del dramatismo... literalmente...) que conseguía que las diferencias se disiparan y aglutinaba a la gente, logrando que trabajaran juntos de manera productiva. Los arquitectos para los que trabajaba también se habían dado cuenta de que tenía este don y siempre mandaban a Jim si había algún cliente difícil de contentar o un proyecto con complicaciones de tipo logístico o de personalidades.

¿Y en cuanto a lo que a Jim más le gustaba hacer? Bueno, además de estar con su familia, a Jim lo que más le gustaba era pasarse el día cantando.

Igual estás pensado: ¿y dónde está la intersección en este caso?

Bueno, con un poco de pensamiento creativo Jim logró identificarla él mismo: la gestión de musicales. No cantaría todos los días pero sí que estaría rodeado de música y cantantes, que era casi igual de bueno. Y, de paso podría marcar verdaderamente la diferencia encargándose de reunir y coordinar los cientos de piezas que hay que gestionar en una producción musical.

A Jim le encantó el resultado de la evaluación de su ADD: «Tengo la sensación de que encaja perfectamente», dijo. Pero también sabía que el cambio no iba a ser fácil debido a sus obligaciones económicas, y estimó que seguramente tardaría entre cinco y diez años en hacer la transición del paisajismo a la dirección de musicales. Ese tipo de horizontes temporales tan lejanos son bastante frecuentes para los casos en que la *intersección* del ADD queda tan lejos de la situación actual. De hecho, hay veces en que podría parecer hasta imposible llegar a tu ADD porque supondría demasiados cambios radicales. Aun así, creemos que siempre resulta cuando menos útil saber cuál es tu ADD, aunque solo sea a modo de estrella polar que te permita orientarte.

Queremos compartir una última historia en la que la técnica del ADD ha funcionado muy bien y que ilustra el poder perturbador (y positivo) de esta herramienta aparentemente sencilla. Se trata del caso de un joven al que llamaremos Marcus, que llegó a la universidad con intención de estudiar geología. ¿Por qué geología? Porque en el instituto se le habían dado bien las ciencias y las matemáticas y, de entre las carreras posibles en ese ámbito, era la que le parecía más interesante; y además había oído que había mucho trabajo en el sector de la energía.

No tardó ni el primer año de universidad en comprender lo que de verdad significaba que se te dieran «*muy* bien» las ciencias y las matemáticas, y algo tenía claro: no era su caso. Marcus también se dio cuenta de que, si quería una carrera en el campo de la geología, no iba a bastar con un grado medio y necesitaría hacer la licenciatura, y la idea de pasarse seis o siete años tratando de seguirle el ritmo a los demás no le entusiasmaba precisamente. Pero, justo por aquella época, resulta que se encontró con su ADD, o para ser más exactos, con lo que se encontró fue con unos padres preocupados que le sugirieron que probara a seguir el proceso del ADD.

Los tres se pusieron manos a la obra para establecer qué era aquello en lo que Marcus era bueno de verdad, mejor que casi todo el mundo, y la respuesta no tardó en materializarse: era la música y, más concretamente, identificar música nueva que iba a convertirse en un éxito en un par de meses o un par de años. Una habilidad poco común tal vez, pero una de la que Marcus había dado muestras desde niño: solía incluir la sección «a punto de alcanzar la fama» en el programa semanal de radio que tenía desde los 14 años. De hecho, en familia bromeaban sobre cómo Marcus podía adivinar que le iban a dar el Grammy a un artista tres años antes de que ni tan siquiera lo nominaran.

En cuanto a qué le encantaba hacer a Marcus, eso era fácil: escuchar música. Y también le entusiasmaba hablar de música, compartirla con sus amigos, leer blogs de música e ir a conciertos; y cuanto más desconocido fuera el grupo, mejor.

Hoy Marcus está iniciando una prometedora carrera como programador musical y decir que está contento es quedarse corto por mucho.

Sus padres también están felices. Lo sabemos porque somos nosotros.

Bueno, en cualquier caso...

El hecho es que hay montañas de libros publicados sobre el tema de la carrera profesional con multitud de herramientas recomendadas. No tenemos intención de reinventar la rueda, solo de compartir la herramienta más eficaz que conocemos para responder a la pregunta: «¿Qué hago con mi vida?»

Pásala en tu ADD. Ahí es donde los logros se encuentran con la felicidad. Ahí es donde el trabajo deja de ser trabajo y se convierte en vida en el sentido más pleno.

MÁS QUE UN ESTILO DE VIDA

Algunos de los que leáis este libro ni siquiera recordaréis los buenos tiempos de antaño cuando ser emprendedor no era lo que todo el mundo decía que quería hacer con su vida, pero esos tiempos existieron, allá por cuando los dinosaurios poblaban el planeta. No, en serio: hubo un tiempo en que las carreras profesionales se desarrollaban en el interior de rascacielos o edificios similares llenos de gente vestida de traje. En la década de los 70, la crisis del petróleo hizo que a la gente le diera por estudiar geología, ¡ya que la energía iba a ser el campo donde se iba a concentrar la acción (y el dinero)! En los últimos treinta años, los bancos de inversiones y las empresas de consultoría han sido los principales clientes de los MBA y un polo de atracción de recién graduados hacia el que estos se dirigían en masa como arrastrados por una fuerza irresistible.

Durante gran parte de la última década, el espíritu emprendedor ha tenido su momento (o sus dos o tres momentos). Pero que quede claro que esta dinámica no está particularmente extendida. De hecho, tal y como informaba recientemente el *Wall Street Journal*, datos de 2013 publicados por la Reserva Federal indican que la proporción de gente de menos de treinta años que tiene un negocio propio se ha situado en el mínimo histórico de los últimos 24 años. Ahora bien, no es menos cierto que el espíritu de los tiempos que parece hacer furor en muchas de las principales escuelas de negocios es el de «emprende o revienta». En Stanford, por ejemplo, se considera poco menos que motivo de orgullo no hacer entrevistas de trabajo con empresas: ¿para qué molestarse si vas a montar la tuya propia? Y en la Sloan School del MIT, uno de nosotros (Jack) impartió una clase en la que aproximadamente uno de cada seis alumnos había montado su propio negocio incluso antes de graduarse.

¿Por qué tanto entusiasmo? Bueno, porque ser emprendedor parece divertidísimo, ¿no? Suena heroico. Tú eres el que pone las reglas y no hay reglas. Tienes el despacho en un garaje, las reuniones son en torno a una mesa del futbolín... Trabajas como una mula durante unos años pero luego, un buen día, te encuentras con que te invitan a tocar la campana en Wall Street. Y, al cabo de unos cuantos años más te compran, das la vuelta al mundo para celebrarlo y luego te compras tú una franquicia deportiva y vuelves a empezar.

¡Eso sí que es vida!

Pero hay una pega.

Para ser emprendedor, *necesitas tener una idea*. Una gran idea magnífica que aporte valor y sea rompedora, una de esas que cambian paradigmas. Necesitas una idea mejor y diferente a todas las ideas que haya por ahí.

Y además hay una segunda pega.

Junto con esa idea, necesitas poseer un espíritu intrépido que no es muy frecuente. No hablamos de tener una tolerancia media al riesgo, ni siquiera de una tolerancia por encima de la media. Para ser emprendedor —emprendedor de *verdad*—, necesitas una combinación de valentía y templanza, pasión loca y determinación irracional para aguantar las reiteradas experiencias al borde del abismo a las que sin duda tendrás que enfrentarte por el camino hasta conseguir hacer realidad tu idea. Quizá te quedes sin dinero unas cuantas veces, cometerás errores tontos, habrá proveedores y clientes que te dejen en la estacada, no dormirás, no querrás o necesitarás o podrás dormir.

Lo que estamos describiendo aquí es lo que se conoce como agallas. Hemos de ser justos y reconocer que la mayoría de la gente entiende esa parte de la ecuación de ser emprendedor. La parte que no parece entenderse tan bien, a juzgar por nuestra experiencia, es la de la «gran idea». Lo cierto es que, en el transcurso de los viajes que venimos realizando desde 2011, hemos conocido a cientos —seguramente a miles— de personas (sobre todo estudiantes) llenos de entusiasmo que nos han venido a contar que querían hacerse emprendedores, pero que enseguida reculaban cuando les decíamos: «¡Qué bien!, ¿y cuál es la idea del producto o servicio único en su especie que vas ofrecer?»

Por supuesto que en ocasiones nos han respondido de inmediato: una plataforma en línea de venta de ropa de segunda mano que va a revolucionar el sector, por ejemplo; un dispositivo médico de mano para tratar la migraña. Oímos hablar de esas dos ideas cuando todavía estaban en mantillas e inmediatamente se nos iluminó la cara. (Por cierto, en la actualidad, ambas han cristalizado en empresas que van viento en popa.)

Pero, lo más habitual —mucho más habitual— es que nos contesten algo como: «¿Idea? Bueno, todavía no tengo ninguna. Igual una nueva app. No estoy seguro, pero sí que estoy seguro de que voy a ser emprendedor, no quiero trabajar para otro».

Ese deseo, por más que sea perfectamente comprensible, no es suficiente. Esa es la conclusión a la que hemos llegado sobre este tema.

Ahora bien, debe tenerse en cuenta que nuestra amonestación, si es que procede, no implica que estés condenado a la monotonía por cuenta ajena para el resto de tus días. Tan solo significa que seguramente todavía no ha llegado el momento de que te lances a montar nada. ¿Qué montarías? Eso sí, desde luego que puedes empezar por buscar un trabajo en un entorno emprendedor.

¿Te acuerdas de la historia de Bunny Williams que contamos en el capítulo sobre globalización? Tras una larga y exitosa carrera como decoradora, Bunny decidió lanzar su propia línea de muebles en 2010, con piezas fabricadas en Asia y distribuidas en tiendas de todo el mundo. La idea mejor/más novedosa que todas las demás de Bunny fue, al colaborar estrechamente con los artesanos asiáticos para garantizar la calidad, encontrar una forma de aplicar la producción en masa al mobiliario de diseño de gama alta y ofrecérselo a un cliente con ciertas aspiraciones a precios razonables.

Bunny también sabía lo que no sabía: cómo financiar el inventario y cómo llevar las cuentas de su nuevo negocio, por ejemplo; así que inmediatamente se rodeó de un equipo de expertos en esas áreas.

Si eres un aspirante a emprendedor sin una idea, puedes ser parte de un equipo así. Piensa en cuántos «emprendedores a la espera» han empezado en exitosos proyectos de alta tecnología en los últimos treinta años. Esa es tu puerta de entrada, y además es una puerta genial. Hoy Bunny sigue atribuyendo el éxito de su empresa a su equipo de colaboradores: «Yo tenía claro lo que sabía hacer, que era la parte de diseño. Para todo lo demás, me apoyé en ellos. Me han enseñado muchísimo».

Claro está que, como miembro de un equipo, no participas de la gloria ni del capital como lo hacen los fundadores de la *start-up* a los que se les ocurrió la idea pero, cuando algún día llegue el momento de comercializar tu gran idea, estarás preparado. Y a eso, es difícil ponerle precio.

TÚ ELIGES

Un capítulo sobre la carrera profesional no estaría completo si no habláramos de un tema que suele conocerse como el «equilibrio entre trabajo y vida personal» o «conciliación laboral». A fin de cuentas, tanto si haces una evaluación de tu carrera de tipo ADD como si utilizas otra herramienta, al elegir lo que vas a hacer con la mayor parte del tiempo que pasas despierto también estás eligiendo lo que no harás, o aquello que harás menos, en las horas que no dediques a trabajar.

Presta atención al uso que hacemos de la palabra «elegir», que explica por qué nos gusta más el término «elección entre trabajo y vida personal» que «equilibrio entre trabajo y vida personal»: en nuestra opinión, el primero ilustra que todas y cada una de las decisiones profesionales acarrean consecuencias que quien toma la decisión entiende y asume. En cambio, «equilibrio» ya en sí mismo implica que hay un cierto reparto ideal situado en torno al 50-50.

Y ahí está el tema. Un equilibrio del 50-50 *es* ideal para ciertas personas. Es verdad, no para nosotros. Porque a nosotros resulta que el trabajo nos parece divertidísimo y además trabajamos juntos, y se podría decir que somos bastante intensos, así que nos decantamos más por un 80-20 o un 70-30. Ahora bien, es lo que *nosotros* elegimos. No nos gustaría que viniera nadie a decirnos cómo tenemos que organizarnos el tiempo y no nos produce ninguna satisfacción decírselo a los demás tampoco.

Básicamente, creemos que en definitiva todo se reduce a los valores; los valores personales. Una persona que valore el discurso intelectual, el aprendizaje, pasar tiempo a solas y las relaciones de amistad profundas con una o dos personas, no va a tomar las mismas decisiones profesionales que alguien que valore el dinero, la fama y que lo inviten a muchas fiestas. De manera similar, un responsable de marca de veintitantos años que sueñe con llegar a CEO antes de los 40 y al que le encante el chute emocional de hacer caída libre los domingos, tampoco tomará las mismas decisiones profesionales que otra persona con un MBA a quien le interese el sector de la financiación de organizaciones sin ánimo de lucro por la flexibilidad que le permitiría ese trabajo a la hora de compartir la tarea de criar a sus hijos.

Una vez más, ¿quién tiene derecho a decir que unos valores son más o menos correctos que otros? Desde luego no nosotros. Si alguien quiere decantarse por el «equilibrio» de 50-50 entre trabajo y vida personal, asumiendo todas las consecuencias de esa elección, le deseamos que le vaya muy bien, claro que sí. Y lo mismo decimos de los que opten por un 20-80 o un 80-20.

Pero trata de decir algo así en público... Nosotros lo hicimos y se nos echaron encima.

Corría el año 2012 y nos invitaron a hablar en una conferencia organizada por el *Wall Street Journal* en Palm Beach, Florida, con el título «El papel de la mujer en la economía». No participábamos en la conferencia con ningún objetivo particular en mente y desde luego no nos proponíamos desatar un alud de comentarios escandalizados y críticas iracundas en decenas de blogs, pero eso fue exactamente lo que ocurrió cuando explicamos el argumento de la «elección entre trabajo y vida personal» que acabas de leer. Más concretamente, dijimos que el éxito profesional era el resultado de superar con creces los objetivos a nivel de resultados, de asumir encargos difíciles y pedir a tus jefes constantes evaluaciones exhaustivas y exigentes para ir comprobando dónde estás en todo momento. También dijimos que solicitar la reducción de jornada y limitar tu disponibilidad para poder atender a la familia (u otros intereses) era una elección perfectamente respetable, pero desde luego no una que fuera a acelerar el ascenso profesional hacia el gran despacho acristalado de la última planta, seas *hombre o mujer.*

La reacción fue un verdadero alud de cometarios... mmm... poco favorables en Internet.

Pero entonces ocurrió algo gracioso: toda una serie de importantes ejecutivas que ocupaban puestos de CEO nos dieron la razón, algunas de manera muy pública y visible, con lo que así, de repente, se acabó la controversia.

Así que, para desactivar esta bomba, concluyamos diciendo que la elección entre el trabajo y la vida personal no es más que precisamente eso... una elección. Todas y cada una de las decisiones profesionales que tomas tienen consecuencias. Sociales, económicas, emocionales. Esas consecuencias deben estar alineadas con unos valores, con *tus* valores.

Todo lo demás es puro ruido.

Vamos a ver, en el mundo hay un buen número de personas que saben exactamente lo que quieren hacer con sus vidas.

Nosotros le deseamos a todo el mundo que disfrute esa certeza. Y nos duele que pueda llegar a ser tan esquiva y difícil de alcanzar.

Por eso recomendamos la técnica del Área de Destino con tanto entusiasmo, porque sirve de mecanismo catalizador que te permite pasar del solitario y difícil lugar del «¿qué debo hacer con mi vida?» al motivante y energético territorio del «me *encanta* lo que hago con mi vida».

Así que investiga hasta lo más hondo. Analiza y evalúa. ¿Qué es lo que se te da verdaderamente bien y qué es lo que te encanta hacer? ¿Y qué campo de sueños no cumplidos se encuentra en la intersección de lo uno y lo otro?

Si la respuesta a esas preguntas apunta hacia un camino empresarial, te animamos a que sigas profundizando. ¿Tienes una gran idea novedosa? ¿Tienes las agallas de empezar algo nuevo de cero? Si no es así, ¿a qué empresa nueva y audaz te podrías unir hasta que te llegue tu propio y espectacular eureka?

Y, para terminar, te invitamos a que profundices hasta comprender el tipo de «equilibrio» que quieres para tu vida. ¿Es un 50-50 o es otro? E igualmente importante es que te preguntes: «¿cuáles son mis elecciones y qué consecuencias traen consigo?», «¿van en consonancia con mis principios?»

En resumidas cuentas, la persona que tiene que vivir con la respuesta a esas preguntas eres tú.

12

Desencallar

A lo largo de vida, casi todo el mundo se encuentra en algún momento con una ilustración del purgatorio de la *Divina Comedia* de Dante: un inmenso agujero sin agua atestado de almas abandonadas a su suerte que buscan frenéticamente una salida, sobre todo en dirección ascendente.

Lúgubre, ¿verdad? Y también una sensación familiar si alguna vez se ha estancado tu carrera.

Eres un participante que contribuye a título individual y aspira a llevar un equipo, un experto funcional que está deseando pasar a la gestión generalista, un directivo de categoría intermedia que cree que ya hace tiempo que se le deberían haber dado responsabilidades a nivel de cuenta de resultados. Pero cuando preguntas sobre horizontes temporales para ese cambio o lo hablas con tu jefe o con Recursos Humanos la respuesta siempre es «todavía no, todavía no; tú ten un poco de paciencia, todo llegará».

Pero llevas teniendo paciencia durante lo que te da la impresión de haber sido una eternidad.

Toda esta espera aniquila el espíritu. Te encantan los negocios y estás seguro de que puedes hacer más. Igual hasta tienes la sensación de estar en tu Área de Destino pero, igual que les ocurre a los habitantes del inframundo de Dante, te sientes totalmente atrapado.

No desesperes.

La verdad sobre el purgatorio (el de tipo profesional aquí en la Tierra, queremos decir) es que siempre se acaba. En algún momento, si no se produce ningún cambio, llega un punto en que estás tan frustrado que saltas en marcha. Haces un movimiento lateral dentro de tu propia organización, impulsado exclusivamente por el deseo de salir de la cárcel en que te has quedado atascado; o decides marcharte a otra empresa que es mejor por el mero hecho de que allí tu trabajo no será el que tienes ahora; incluso hay ocasiones en que consigues desencallar tu carrera profesional porque acabas con la paciencia de tu empresa y, poco a poco, o de golpe, te echan de la pista. Ninguno de estos tres escenarios es particularmente apetecible. Ya nos damos cuenta.

Por eso este capítulo trata sobre cómo emprender otro camino, uno que lleve al ascenso que tanto deseas.

¿Será fácil? Seguramente no. Pero puedes conseguirlo. El proceso comienza por comprender por qué tu carrera se ha estancado, en entenderlo *de verdad*. Después de eso, tienes seis opciones sobre cómo actuar y puedes probarlas todas, aunque seguramente bastarán dos o tres para desbloquear la situación.

Es evidente que a nadie le gusta el cambio y seguramente encarar varios cambios a la vez suena igual de apetecible que tomar el sol en el círculo polar. Pero Dante acertó en lo que al purgatorio se refiere: «Tormento puede ser —escribió— pero no muerte».

Sencillamente, no puedes permitir que esa frase resuma tu vida.

POR QUÉ SE ESTANCAN LAS CARRERAS

Todas las historias de estancamiento profesional tienen sus rasgos particulares; sus factores atenuantes; sus circunstancias extraordinarias.

Pero, por lo general, las carreras se estancan por un puñado de razones que vamos a comentar antes de abordar la cuestión de los pasos a dar, las acciones que creemos que podrían ayudar a darle la vuelta a tu situación.

En primer lugar, tu carrera puede estancarse si la empresa no tiene un puesto que ofrecerte en el que puedas crecer profesionalmente. Tienes alguien «bloqueándote» el paso por encima, por lo general tu jefe, que está haciendo un buen trabajo y no tiene intención de jubilarse, cambiar de sector o mudarse a China. Hasta es posible que tu jefe tenga a su vez alguien bloqueándole el ascenso. Esta situación puede ser desesperante, pero se da constantemente en las empresas y el principal responsable es la falta de crecimiento: tu empresa, el sector o la economía en general tiene dificultades, ya sea porque se han estancado o incluso porque se están contrayendo. En estas situaciones, las oportunidades de movilidad ascendente son inevitablemente escasas. Ahora bien, los bloqueos son también endémicos en las empresas familiares donde los puestos más altos en el escalatón los suelen ocupar ciertas personas «predestinadas» para ello.

Si te encuentras en una situación de bloqueo, el único margen de maniobra que tienes es decidir cuánto tiempo estás dispuesto a aguantar el estancamiento. Y estamos hablando de *decidir*. Ponle fecha de caducidad a tu paciencia. «Si la situación no cambia de alguna manera en un año, empiezo a ver qué hay por ahí fuera y, en dos años, me marcho», podrías acabar decidiendo.

Para esta evaluación, tal vez necesites considerar también tu situación dentro de la empresa. Si surge una oportunidad de ascenso, ¿qué probabilidad hay de que sea para ti?, ¿has estado recibiendo evaluaciones de desempeño de sobresaliente o solamente aprobando por los pelos?, ¿te has ganado una mala reputación difícil de obviar?, ¿tu jefe es conocido por promover el ascenso de su mejor gente o más bien por cerrarles el paso y encima colgarse él sus medallas? Todos esos datos son fundamentales a la hora de establecer los términos del «contrato de perseverancia» que firmas contigo mismo.

Lo importante es que no hay recetas sobre cuál es la cantidad de tiempo adecuada que debe esperarse en una situación de bloqueo. Lo único que importa es que elijas de manera explícita un horizonte temporal en base a tus valores, situación, circunstancias y restricciones, así como en vista del futuro de tu empresa. El hacerlo no hará que se desbloquee la situación, pero un horizonte temporal claro y un plan de potencial salida sin duda reducirán tu angustia diaria.

Otra razón de tipo general por la que las carreras se estancan es obstinarse en ciertas nociones equivocadas sobre la importancia de los conocimientos expertos multifuncionales. Este es un fenómeno con el que nos encontramos constantemente. Mary es una analista financiera excepcional. Jeff es excelente en marketing. En los tiempos en que estaban en la escuela de negocios, tanto a Mary como a Jeff se les aseguró una y otra vez que la manera más rápida, más inteligente y más ampliamente probada de acceder a puestos de alta dirección era orientarse a ir consiguiendo ocupar sucesivamente puestos en las diferentes funciones. «Necesitas haberte pasado dos o tres años en cada función, además de una temporada en internacional —les dijeron—. Te tienes que dotar de un catálogo variado y completo de competencias.»

Qué disparate. Sí, hay empresas a las que les gusta pasear a sus empleados de alto potencial por toda la «feria» y subirlos a todas las atracciones pero, con mucha mayor frecuencia, las empresas ascienden a gente que es muy buena en lo que hace y esas personas ascienden por el escalafón como una flecha hasta la cumbre. El hecho es que, si eres un gurú de las finanzas no te hace falta pasarte dos años en marketing para entender lo importante que es esa función para los resultados. Ya lo intuyes o te has dado cuenta observando la realidad atentamente. De manera similar, si eres un genio de marketing increíblemente creativo, tampoco hace ninguna falta que te tires un par de años sudando tinta en Operaciones para saber que la calidad es importante. Por favor... Y, sin embargo, porque esta idea de que hay que ser un «profesional completo» está muy extendida, hemos visto a muchos expertos funcionales magníficos abandonar su especialidad y desaparecer para siempre en el éter de la organización.

A ver, si tienes un verdadero talento para algo y, de manera intencionada, agarras y te pasas a otra función para la que no tienes tanto talento, es como si a una estrella del hockey sobre hielo le diera por marcharse a la NBA. (O como si Michael Jordan decidiera convertirse en jugador profesional de béisbol; ya sabemos todos cómo acaba eso.) Lo que estamos intentando decir es que no vayas en patines a jugar un partido de baloncesto. Es un método infalible para estancar tu carrera. Y, si ahora estás dándote cuenta de que ese es tu caso, la solución es clara. Regresa al lugar al que perteneces. Pronto volverás al terreno de juego y tu carrera también.

Luego están las carreras que se encallan porque hay un problema de actitud. Bueno, eso, por decirlo educadamente. Estamos hablando de gente que odia a los jefes por sistema. Ya nos entiendes, esa gente que cumple las normas de puertas para afuera pero que en su fuero interno rezuman desprecio y desdén hacia la organización y sus líderes.

La cuestión con esta gente que odia a los jefes, tal y como hemos constatado tras escribir y dar charlas sobre ellos durante más de una década, es que rara vez se dan cuenta de que son gente que odia a los jefes. En su opinión, el problema no son *ellos*. La empresa es el problema. Los que mandan son unos idiotas y unos incompetentes; solo les importa el dinero; no saben nada del cliente ni del producto. Y, francamente, la mayoría de sus compañeros no son mucho mejores. Todos les hacen la pelota a los mandamases y no saben nada útil.

Tal y como ya hemos comentado, no esperamos que los que odian a los jefes sean capaces de identificarse a sí mismos, pero igual da la casualidad de que alguna de estas actitudes te resulta familiar... Bienvenido a empezar a entender por qué tu carrera está estancada. Y bienvenido también a aceptar que, sin un cambio significativo de mentalidad, *estás* verdaderamente encallado. Porque, aunque seas muy inteligente y muy capaz —y la gente que odia a los jefes suele serlo— ningún superior le va a dar una oportunidad a alguien que lo desprecia. No pasa.

Pero basta ya de hablar de la gente que odia a los jefes. Por suerte, su número es relativamente bajo. Así que, para terminar, consideremos el motivo más habitual por el que las carreras se estancan. El rendimiento.

O, más concretamente, el rendimiento poco satisfactorio.

El que tu rendimiento sea poco satisfactorio no equivale a decir que no lo estés intentando con verdadero interés. Es muy probable que estés poniendo todo tu empeño, pero el último lugar en el que hayas podido estar donde el esfuerzo cuente más que los resultados es la escuela primaria. Esto es la vida real.

Y el problema es que, en la vida real, hay demasiada gente con resultados poco satisfactorios que no sabe que lo es. La razón, como ya apuntábamos en el Capítulo 9, es que hay demasiados jefes por ahí que no le dicen a su gente qué tal lo están haciendo. Están demasiado ocupados; o les parece que es cosa de cada uno darse cuenta de cómo va; o son demasiado «amables» como para ser verdaderamente honestos, o eso dicen.

Ninguna de estas razones tiene el menor sentido. De hecho, tal y como comentábamos antes, nuestro argumento es que ese oscurantismo en relación al tema del rendimiento es cruel e injusto. La gente se merece saber qué tal les va en la actividad que les ocupa entre ocho y diez horas al día. Venga ya.

Pero, por desgracia, así son las cosas. Si estás en el purgatorio en una empresa que crece, y no te están bloqueando el paso, y no llevas patines de hielo en la cancha de baloncesto, y no eres de los que odian a los jefes, puedes asumir que, a ojos de los poderes fácticos, sencillamente no se te considera suficientemente bueno como para darte un ascenso.

No das la talla.

Ahora bien, no hablamos de no *dar la talla* a nivel de personalidad. De hecho, a veces tener mucha personalidad puede ser contraproducente para ascender en el escalafón, pues la gente puede confundir tu carácter extrovertido con arrogancia o tomarte por un sabelotodo o un fanfarrón. La gente con personalidades muy marcadas puede granjearse por ello muchos ataques.

No, de lo que hablamos es de *dar la talla* en el sentido de contar con la amplitud y profundidad de miras necesarias para el siguiente puesto.

Amplitud y profundidad.

Independientemente de las características específicas de tu trabajo, esa combinación es lo que tus jefes esperan ver.

No te limites a cumplir. Supera las expectativas

Pregúntate esto: cada día, cada mes, cada trimestre, ¿cuánto te acercas a las expectativas de jefe?, ¿cumples tus objetivos?, ¿llegas a las cuotas que te han marcado?, ¿traes pedidos?

Si es el caso, sintiéndolo mucho, no es suficiente.

Si quieres hacer muestra de amplitud y profundidad de miras, lo primero que tienes que cambiar es no limitarte a cumplir con las expectativas. Tienes que superarlas. Debes ofrecer resultados que van más allá del objetivo. Eso quiere decir que, para cada proyecto o encargo, debes redefinir los parámetros para darle mayor dimensión, para hacerlo más emocionante, más relevante y más *todo* para que tu jefe sea mejor y su trabajo más fácil.

Recuerda que cuando tu jefe te pide que hagas algo suele tener ya en la cabeza por dónde irá el resultado y su intención es que tú le confirmes esa sospecha con tu análisis, ofreciendo detalles o números que le faciliten la presentación a sus jefes. O, incluso si tu jefe no tiene una idea de cuál pueda ser la respuesta a una consulta específica, sí que tiene una noción en la cabeza de cómo debería ser tu trabajo.

Ofrecer resultados que van más allá del objetivo significa tomar la idea o pensamiento que tiene en mente tu jefe al respecto y elevarlo a un nivel completamente nuevo.

Consideremos el caso de dos estudiantes universitarios brillantes que conocemos. Los dos consiguieron un año de prácticas en una empresa de selección de ejecutivos de Chicago de esas en las que, si no consigues determinados ascensos en determinados plazos, estás fuera. Tras un periodo de formación de unos tres meses, se les pidió a los dos que confeccionaran una lista de candidatos para una vacante de un cliente.

El primero, llamémoslo Tom, había estado recibiendo señales un tanto equívocas sobre su futuro: su jefe le había dicho que, hasta el momento, la calidad de su trabajo era mediana, incluso tirando a media-baja. Estaba bien, pero no lo suficientemente bien como para que le ofrecieran un contrato indefinido.

La otra estudiante, Cindy, había llegado a la empresa envuelta en el halo que da venir de una universidad de la Ivy League; la habían invitado un par de veces a comer con altos ejecutivos y a muchos de ellos los había impresionado con su inteligencia natural. Aun así, el resultado de su trabajo había estado siendo mediocre, de aprobado raspado.

A medida que se acercaba la fecha de entrega del encargo, Tom apenas podía dormir. No quería seguir viviendo en el sótano de sus padres toda la vida y, más allá de eso, deseaba todo lo que vendría de la mano de tener un trabajo fijo. Y ahí fue cuando se dio cuenta: su jefe se daría por *satisfecho* con una lista de candidatos, que era lo que le había pedido, pero estaría más que *encantado* si le presentaba un análisis más amplio y profundo del sector y, más concretamente, uno que aportara sugerencias sobre dónde encontrar nuevo potencial de negocio.

Así que Tom se puso manos a la obra para ofrecer ese análisis: realizó una investigación a fondo para confeccionar una lista de candidatos estrella para el cliente en la que se incorporaban anotaciones sobre la probabilidad de que cada uno de ellos estuviera interesado en el puesto, basándose en la tasa de crecimiento del negocio del cliente y otros factores. Además, el informe final de Tom incluía también los organigramas de seis empresas del mismo sector, haciendo énfasis en las que más crecían.

Mientras tanto, Cindy hizo una búsqueda en algunos archivos antiguos de la empresa, curioseó un poco a través de LinkedIn y llamó a un analista del sector que conocía de la universidad. Vamos, que su lista daba toda la impresión de estar «cubriendo el expediente».

Ya te imaginas cómo acaba la historia. Cindy está trabajando en otro sector. A Tom lo contrataron y le va muy bien, hasta tiene dos estudiantes en prácticas a su cargo. La diferencia es que él se dio cuenta de que para progresar se necesita algo más que hacer los deberes a tiempo.

Se trata de definir qué contribución adicional puedes realizar y ponerte manos a la obra.

Preséntate voluntario para el trabajo duro

Superar las expectativas es algo a lo que se puede aspirar todos los días pero, de vez en cuando, también se te plantea la oportunidad de mostrar la amplitud y profundidad de miras de tu forma de trabajar ofreciéndote voluntario para hacer —y bordar— un proyecto difícil.

Un encargo complicado de alta visibilidad y, más concretamente, el que nadie más ni quiere ver de lejos. La iniciativa que solo le gusta al jefe. La empresa conjunta que todo el mundo cree que resultará en un gran batacazo. La planta de fabricación con problemas de rendimiento situada en un lugar perdido en mitad de la nada. Un cliente nuevo muy grande y conocido por sus exigencias excesivas y sus plazos imposibles de cumplir.

Por desgracia, mucha gente que se encuentra en el purgatorio profesional evita este tipo de encargos, pues se preguntan «qué sentido tiene añadir un sonado fracaso público a una situación ya de por sí precaria».

Esa pregunta tiene sentido hasta que te das cuenta del lado positivo de superar con éxito un «proyecto criptonita» de estos: tiene el potencial de reposicionarte, de permitirte pasar de seguidor a líder, de estar clasificado como alguien que va saliendo del paso a que se te vea como un ganador, de «tal vez» a «sí, sin duda».

Es cierto que cabe la posibilidad de que fracases. Pero no es el fin del mundo, podrás añadir una línea más de experiencia y competencias a tu currículum para cuando busques el siguiente trabajo.

Y, en el mejor de los casos, el impacto será grande, te dará un gran impulso. De hecho, te preguntarás por qué esperaste tanto a apostar fuerte por ti mismo.

Capta seguidores por la vía difícil

Un tercer cambio del que puede depender que pongas fin al *impasse* en tu carrera es la captación de seguidores. Tienes que mostrarle a la organización que la gente —colegas y jefes por igual— te escucha.

Ni que decir que, si has realizado el primer cambio de ofrecer resultados que van más allá del objetivo, la captación de seguidores debería producirse de manera prácticamente automática. Por lo general, a la gente le suele gustar oír lo que tienen que decir los principales contribuidores al progreso de la organización.

Así que da tu opinión.

O sea, prepárate y da tu opinión.

¿Recuerdas al responsable de Recursos Humanos del que hablábamos en el Capítulo 3? ¿Aquel que trabajaba con un fabricante de refrigeradores del Medio Oeste que acababa de comprar un fondo de capital riesgo? Este líder cambió totalmente las reglas del juego para la empresa cuando descubrió que los procesos de evaluación del rendimiento de la compañía no estaban suficientemente vinculados a sus operaciones, y demostró sus hallazgos en este sentido con un gráfico perfectamente comprensible para todo el mundo con solo mirarlo.

Este tipo de conocimientos profundos y perspicaces o *insights* que mejoran las empresas y reactivan las carreras no surgen de la nada. El responsable de Recursos Humanos había partido de una mentalidad competitiva. Había estado pensando como un líder de la empresa al que verdaderamente le movía dar respuesta a la pregunta: ¿por qué no van más rápido estos proyectos? Así que se puso a profundizar en los datos, se pasó días indagando, buscando una idea rompedora hasta que la encontró. Y así, esa mejor práctica que instauró, no solo lo convirtió en un héroe en su propia empresa, sino que lo colocó al nivel de todos los CEO del catálogo de capital privado.

Pero los datos no son más que la cantera a la que acudir para extraer y confeccionar un arsenal propio de *insights* inteligentes. Todos los sectores tienen líderes de pensamiento a los que leer e investigación académica que consultar. Hay podcasts, libros, clases magistrales, blogs, cursos *on line* masivos en abierto (MOOC). No dejes de leer todos los días el *Wall Street Journal*.

El mundo está inundado de ideas. Nada en ellas. No solo de vez en cuando. Todo el tiempo. Busca la inteligencia superior en todos los polos, sintetiza ideas que hayas recopilado, auméntalas con tus propios pensamientos y análisis, e intégralas en tu organización de maneras que resulten relevantes.

Y ten opiniones. Sobre todo. Es fundamental. Nadie quiere escuchar a un robot. ¿Debería Microsoft haber comprado Nokia? ¿Cuál es la mejor apuesta a largo plazo, Facebook o Twitter? ¿Los accionistas activistas son buenos o malos para la economía? Estamos hablando de tener opinión sobre el tipo de temas que conforman un sector. Si se acaba de producir una gran fusión en el tuyo, por ejemplo, debes conocer a todos los participantes y formarte una opinión sobre si ha sido buena o mala idea. Si se habla de que un competidor está trabajando en una tecnología nueva, entérate de los detalles y calcula la envergadura de la amenaza que pueda suponer. Haz un seguimiento de los principales líderes en tu ámbito y mantente al día de lo que publiquen en la prensa escrita tradicional y los medios digitales. Con el tiempo, empezarás a hacerte una idea de qué opinan sobre el futuro y de si tienden a acertar o equivocarse. Comparte esos conocimientos con tu equipo.

Recuerda que no estas compartiendo conocimientos u opiniones para alardear de tu gran inteligencia. Al igual que el líder de Recursos Humanos con el gráfico que cambiaría las reglas del juego, los compartes para contribuir al éxito de tu organización.

Y, cuando sea así, la gente alzará la vista cuando hables. Y al cabo de poco tiempo, cuando se trate de tu carrera, también empezarán a pensar en «alzar».

Asegúrate de estar al día de la última tecnología

El siguiente cambio del que vamos a hablar es seguramente el más relevante para la gente de más de 40 años. Pongamos 35.

De hecho, pongamos que para cualquiera que haya decidido dejar la tecnología a los «chavales».

Gran error. No estar al día de la última tecnología es una receta segura para perder tu puesto en la mesa donde se debaten todas y cada una de las cuestiones estratégicas y organizativas importantes. Es el pegamento del purgatorio.

Hace unos pocos años, estábamos entrevistando a varias agencias de publicidad para crear una representación de las líneas principales de nuestro MBA en línea. Ya en una etapa bastante temprana del proceso nos dimos cuenta de que al final todas las reuniones acababan convirtiéndose en un debate sobre unos cuantos acrónimos técnicos clave como CPM (coste por mil), CPC (coste por clic) y TC (tasa de conversión). Comentamos este hecho con una de las agencias potenciales y uno de los pocos canosos presentes en la reunión esbozó una sonrisa sardónica y respondió: los «frikis informáticos» dominan el mundo.

Desde luego que sí. La publicidad todavía incluye momentos de inspiración artística —pensemos en los anuncios increíbles de la Super Bowl—, pero en el sector publicitario cada vez tienen más peso la ciencia y el análisis de datos en forma de pruebas A/B, optimización de tasas de conversión y modelos de atribución, entre otros prodigios técnicos. Las implicaciones para quienes entraron en el mundo de la publicidad hace diez o veinte años —incluso hace cinco— son tremendas. Si quieres mantenerte en la vanguardia publicitaria, solo lograrás progresar si lo haces subiéndote a las olas de la marea constante de innovación tecnológica.

Sector tras sector, siempre se repite la misma historia: debes esforzarte por aprender lo que no sabes, incluso si los datos analíticos que no comprendes te abruman. De no ser así, cuando se produzcan las conversaciones que de verdad importan tendrás ya la silla en el pasillo y seguramente poco después en la calle.

Pongamos por caso la historia de una ejecutiva que conocemos desde hace décadas; la llamaremos Linda.

Corría el año 2011. Linda, que por aquel entonces tenía cincuenta y tantos años, era la responsable de Recursos Humanos de un fabricante que facturaba medio millón y colocaba sus dispositivos en el mercado a través de un equipo de unos 200 vendedores repartidos por todo el país. A Linda le encantaba su trabajo; el equipo ejecutivo era genial y, a diferencia de otros sitios donde había trabajado antes, sentía que el CEO realmente valoraba la contribución de Recursos Humanos a la hora de tomar decisiones clave.

Pero había algo que estaba empezando a preocupar a Linda: últimamente, todas las reuniones de los directores habían terminado hablando de información recogida a través del recientemente instalado sistema de CRM. A grandes rasgos, tenía una idea general de los beneficios que ofrecía el sistema pero se daba cuenta de que sus colegas dominaban perfectamente sus matices también. Cada vez resultaba más evidente que conocían el rendimiento de cada vendedor de maneras que ella desconocía.

Y entonces un día, la falta de familiaridad de Linda con el sistema se hizo patente. Escudriñando los datos del último informe de CRM, sus colegas se lanzaron a debatir si se debería reubicar o incluso despedir al responsable de ventas de la zona Nordeste. Hasta donde Linda sabía, en base a la experiencia de años de evaluaciones tradicionales de rendimiento, se trataba de un directivo con unos resultados sólidos y que estaba bien considerado por su equipo y sus clientes. Sin embargo, los datos parecían mostrar que hacía tiempo que había alcanzado su techo en la captación de negocio, y lo mismo podía decirse de su equipo. Más aún: la región a su cargo era la que obtenía peores resultados en el despliegue de la estrategia de nuevos productos de la empresa.

La reunión hizo que el pánico se apoderara de Linda: por un lado, se sintió aliviada de que nadie le hubiera preguntado su opinión al respecto. Claramente, sus «datos» estaban obsoletos hasta el punto de ser inservibles. Por otro lado, el que nadie le preguntara era un presagio. Un mal presagio.

A la mañana siguiente, Linda localizó al responsable de marketing de la empresa y organizó un par de jornadas de formación sobre el nuevo sistema de CRM, una interna y otra con el proveedor del sistema. También le pidió al vicepresidente de marketing que le explicara un informe reciente de CRM —el que se había comentado en la reunión en relación al director comercial de la zona Nordeste—, resaltando cuáles eran las tendencias de datos más estrechamente ligadas a los objetivos estratégicos de la empresa. La sesión duró cinco largas horas, con Linda insistiendo en profundizar en el significado de prácticamente todos los datos de cada página.

«Quería hablar el lenguaje del sistema perfectamente —nos explicó Linda—. No me quedaba otra, *necesitaba* hablarlo. Estaba al borde de que empezaran a considerarme irrelevante o de que dejaran de tomarme en serio.»

Obviamente, la cuestión aquí no son los sistemas de CRM en sí mismos. Se trata de levantarte por las mañanas preguntándote qué es lo que no sabes de la tecnología de tu sector y pensando que *podría matarte*. Linda se podría haber quedado en su casilla de Recursos Humanos y ocuparse solo de los términos y cuestiones estrictamente relacionados con Recursos Humanos, que era lo que entendía de manera natural. Pero, en el actual mundo de los negocios, eso equivaldría a agitar la bandera blanca. En cambio, lo que Linda hizo fue ganarse de nuevo su puesto a ojos del equipo directivo, y tú también lo harás si asumes que saber de tecnología ya no es una opción.

Sé realista respecto a los mentores

Es obvio que hay ocasiones en las que ampliar tus conocimientos expertos (ya sea a nivel tecnológico o de otras capacidades) requiere más que la curiosidad inquebrantable de Linda. De hecho, a veces implica volver a las aulas, ya sea para obtener una titulación superior o una certificación o asistir a un seminario que complemente lo que sabes. Somos grandes defensores de la formación continua, sobre todo —en vista de la economía— si puedes compaginar las clases con un trabajo a tiempo parcial o completo. En los tiempos que corren, no es buena idea perder el impulso con que cuente ya tu carrera.

Pero, en este contexto en que continuar formándose constantemente haya dejado de ser una opción (o incluso si lo fuera), hay todavía un quinto cambio que vamos a sugerir para desencallar tu carrera: trata a todo el mundo que te rodea como si fueran mentores.

Eso es. M de mentor. Casi nos da miedo usar la palabra.

Porque «ejercer de mentor» se ha convertido en una moda. Los padres, tías, tíos, los *coach* en el ámbito profesional, expertos en liderazgo... Todo el mundo habla de lo mismo. Identifica una persona VIP en tu empresa, establece un vínculo y luego relájate en el asiento y deja que te aconseje y proteja mientras tú remontas el vuelo hacia las alturas.

El problema es que ese tipo de mentor caballeresco de brillante armadura escasea, de igual modo que escasean los caballeros de brillante armadura. Solo (únicamente) aparecen cuando un joven profesional da muestras de poseer un potencial altamente prometedor y además hay una fuerte química personal. Por ejemplo, Larry Summers fue uno de los principales mentores de Sheryl Sandberg al principio de la carrera de esta. Se conocieron cuando Larry daba clase a Sheryl en Harvard, donde ella fue una alumna destacada por decirlo discretamente. Luego la contrató para que trabajara para él en el Banco Mundial y más tarde en el Departamento del Tesoro. Todo el mundo asume que Sheryl, con su increíble potencia intelectual y vastos conocimientos, ha contribuido a la carrera de Larry tanto como él a la suya.

Así que sí, esa relación con un mentor que sería con lo que cualquier padre sueña para su hijo... es posible. Pero es poco —pero que muy muy poco— frecuente.

Por ese motivo, nuestro consejo sería sin lugar a dudas que, estés donde estés en tu carrera, consideres a *todas* las personas que te rodean como tus mentores: jóvenes, mayores y los que estén a medio camino entre lo uno y lo otro, tanto si trabajan en tu campo como en otros. Identifica mejores prácticas en este círculo de mentores que te rodea. Si alguien que trabaja en tu campo es una excelente oradora, estudia lo que hace bien e incorpóralo a tus propias presentaciones. Si otro directivo de tu división integra siempre muy bien a los recién llegados en la organización, copia sus técnicas. Si tienes un colega o un superior que lleva las reuniones de maravilla, considera a esa persona como un maestro y guía en ese ámbito.

Mira, todo el mundo sabe algo que tú no sabes. Todo el mundo.

Identifica qué es e incorpóralo a tu trabajo para hacerlo mejor y más eficaz. Ve a trabajar todos los días comprometido con encontrar una manera mejor de hacer todo lo que haces, desde las tareas más triviales hasta las más sofisticadas. Y, con el tiempo —no inmediatamente pero con tiempo— al final mejorarás mucho en amplitud y profundidad profesional gracias a ello. Y tu carrera también.

Quiere a todo el mundo

La última estrategia que vamos a sugerir para desencallar tu carrera es la más difícil: querer a todo el mundo. Que es distinto a ejercer de mentor.

Querer a todo el mundo no es algo que se haga con la cabeza sino con el corazón.

Los antropólogos te dirán que la gente se ha organizado en tribus desde que el mundo es mundo: hemos formado alianzas y eliminado a los enemigos para proteger nuestros intereses, nos hemos dedicado a cotillear para saber qué estaba pasando en realidad... Básicamente, los antropólogos confirmarían que es parte de la naturaleza humana el cotillear, cuchichear, comerciar con información, unirnos a un grupito cerrado, montar una camarilla secreta o cualquier otro tipo de intriga palaciega.

¿Y qué?

Pues – no – lo – hagas. Sencillamente.

¡Ya sabemos que cuesta! Nos declaramos culpables de prácticamente todos los pecados de la lista anterior. Hemos cotilleado, criticado, cuchicheado, etc., etc., etc. Pero no nos ha servido de nada; porque no le sirve de nada a nadie.

Así que ahí va otro enfoque, uno que de verdad funciona. Hasta donde te sea posible, evita hablar de otras personas a menos que sea en términos positivos. Niégate a engrosar las filas de coaliciones subrepticias. Niégate a apuñalar por la espalda y politiquear. Al principio puede que la gente se quede asombrada al ver que no participas en las camarillas habituales, pero con el tiempo te empezarán a ver tal como eres: alguien de fiar, una persona que se centra en hacer su trabajo, y no en manipular el lugar de trabajo. Una persona que da muestras de integridad y liderazgo. Cualidades que constituyen la materia prima de los ascensos.

Dante escribió que el purgatorio era un lugar a evitar a toda costa. Si tu carrera ha encallado, es precisamente ahí donde te encuentras.

Nuestro objetivo para este capítulo era describir cómo *salir* de él a través de seis acciones o pasos que creemos que te ayudarán a dar nuevas y mejores muestras de amplitud y profundidad de miras en tu carrera profesional. Pon en práctica todas estas acciones o escoge unas cuantas e irás viento en popa.

Porque el hecho es que desencallar tiene un poder transformador. Para empezar, te recuerda por qué te metiste en el mundo de los negocios: para crecer; para marcar la diferencia; para crear una vida sensacional; para pasarlo bien.

Nada de todo eso ocurre si te sientes estancado. Así que no te limites a cubrir el expediente y esperar a ver qué pasa, confiando en que todo irá bien. Excede las expectativas y espera más. Preséntate voluntario para los trabajos difíciles. Lo peor que te podría pasar es que ganes experiencia; lo mejor, granjearte una excelente reputación completamente nueva. Capta seguidores a través de conocimientos profundos e inteligentes y opiniones rotundas; que te oigan. No dejes que los conocimientos tecnológicos sean cosa de chavales ni una función de la edad, adopta la tecnología como si fueras un chaval tú también. Considera a todo el mundo como un mentor; llénate el cerebro con sus ideas. Y, finalmente, por difícil que pueda resultar, sustituye los politiqueos y el cotilleo por la amabilidad y las palabras de ánimo.

El amor se las ingenia para llegar a todo y todos, una y otra vez.

13

No es el final hasta que es el final

Terminamos el libro con un capítulo sobre principios.

El hecho es que pocas carreras van exactamente como se habían planeado. Pocas carreras, por lo menos entre la gente que conocemos nosotros, van estrictamente y siempre en dirección ascendente sin encontrarse con por lo menos un bache en el camino, y, por lo general, más. Dicho de otro modo: la mayoría de nosotros cambiamos de trabajo en algún momento —una vez, dos e incluso varias veces durante una vida profesional de 40 o 50 años—, y a veces es porque queremos y otras no. Y luego llega la jubilación. El gran final.

Cada cierre de etapa nos coloca en la línea de salida de otra; y vuelta a empezar.

Es genial.

Sí, lo decimos en serio. Empezar de cero te permite reinventarte, hacer borrón y cuenta nueva y crear una obra de arte completamente original y novedosa. ¿Qué puede haber más emocionante que eso? Incluso si las circunstancias no son las que habríamos elegido, la reinvención es una oportunidad de crecer y crearnos una vida más abundante y que nos llene más. Ver cualquier fin de etapa de otro modo —digamos que con miedo, preocupación u odio— es sin duda humano, pero la negatividad siempre es contraproducente. Se nos come vivos.

Hace poco uno de nosotros dio una charla en la Universidad de Cornell para un grupo de alumnas de la escuela de negocios. El tema de la charla era «Lo que me habría gustado saber con 21». Primer punto de la intervención: el fracaso es imposible.

Exactamente: *el fracaso es imposible.* Claro que lo que sí es posible es que metas la pata hasta el fondo; que lideres un proyecto que se estrelle; que contrates a un imbécil que arruine el buen ambiente del equipo; que te pidan que recojas tus cosas y te marches a casa; que te jubiles y te levantes una mañana sintiéndote perdida, y cansada, y aburrida hasta más no poder. No importa. No es el final hasta que es el final en tu cabeza.

No lo permitas. Cada final es una oportunidad de empezar de nuevo sabiendo más, con más experiencia y pisando fuerte de cara a la siguiente etapa.

El mensaje de que «el fracaso es imposible» calló un poco como una bomba en Cornell. Tal y como nuestro público de Cornell ha experimentado en carne propia —y nosotros también, a veces—, el mundo es precisamente una inmensa máquina de producir rechazo y sensación de fracaso que parece estar esperando el momento de escupirte fuera de pista.

No hay tal máquina. Lo único que hay es la vida. Y no es el final hasta que es el final, y nos referimos al final *de verdad*.

Hasta entonces, cuando algo toca a su fin puedes elegir entre acobardarte, ponerte histérico, no hacer nada o aceptar ese final por lo que pueda traer consigo.

Y lo que traen los finales es una invitación a reinventarte de nuevo.

SOBREVIVIR AL INFIERNO PARA CONTARLO

Esta situación suele presentarse en tres escenarios profesionales diferentes. Empecemos por comentar el peor de todos: ya no sigues allí.

Vale, «ya no sigues allí» es un eufemismo: incluso si no te atreves ni a pronunciar las palabras en voz alta, el hecho es que te han echado. Y, pese a que el que te echen es ahora más normal que nunca, también es probable que se trate de una de las experiencias más dolorosas que experimentes en la vida, una llena de tristeza, vergüenza e ira. Una experiencia que puede llegar a paralizarnos. «No tengo dónde ir —pensamos—. Se acabó.»

Vamos a considerar la historia de Graham.

Durante casi 15 años, Graham fue ejecutivo de relaciones públicas de primer nivel en una empresa de comunicación de marca de ámbito regional, hasta que una mañana de 2010 ya no lo era.

«Estoy tan sorprendido que ni me lo creo —repetía una y otra vez cuando nos llamó con la noticia de su despido— ¿Cómo me ha podido pasar esto a mí?»

De hecho, la respuesta a esa pregunta era bastante sencilla. No era que Graham no cumpliera, al contrario, estaba entre el 40% mejor de su empresa, pero su sueldo era un gran problema. Después de llevar tantos años en la compañía, seguramente ganaba 35% más de lo que podía costar un buen sustituto contratado fuera, y que además sería más agresivo a la hora de generar negocio nuevo. Cuando la economía se empezó a frenar, Graham se convirtió en un candidato claro al adiós.

En cualquier caso, él no se lo vio venir y su respuesta, además de una tremenda incredulidad, fue la que te puedes imaginar: «Después de esto no voy a poder poner un pie fuera de casa en la vida —nos dijo medio en broma—, la ciudad entera sabe que me han dado la patada».

Vamos a ver: como venimos diciendo, es humano que te entre la pataleta un rato después de un despido. Desde luego puede que patalees hasta caer exhausto de rodillas, pero nosotros somos de los de «quien bien te quiere te hará llorar» en lo que a este asunto respecta. Quéjate, chilla, llora. Lo que quieras. Pero luego toca hacer acopio de valor y fortaleza y cortar el grifo de la autocompasión. Y se trata de cortar antes de que te apetezca cortar, porque como dijo una vez una señora muy inteligente que va a la misma iglesia que nosotros: «El problema de lanzarte a las sesiones de autocompasión es que, al cabo de un tiempo, te das cuenta que eres el único que sigue asistiendo a ellas».

Sin duda hay más de una vía para «superar» un despido y ponerte manos a la obra con tu reinvención: orientación profesional, amistad, familia, ejercicio físico, oración, meditación, o incluso tal vez el consabido momento crucial del «¡ya está bien, espabila!» Pero lo que la experiencia nos dice es que no podrás superar tu despido hasta que no lo asumas.

Efectivamente: asumirlo. Tienes que comprender por qué te han echado y aceptar tu parte de responsabilidad. Como recordarás, en el Capítulo 2 hablábamos del poder de encajar el golpe si la competencia te tumba, arruinándote el despliegue de un lanzamiento de producto, por ejemplo. Aquí pasa lo mismo, solo que esta vez es personal.

Sabemos que es perfectamente natural querer echarle la culpa a algo o alguien: un jefe idiota, un compañero de trabajo intrigante, la mala situación económica... Pero la culpa, igual que su prima la negatividad, son emociones que nos dejan en el mismo sitio, nos impiden concebir nuestro despido como una experiencia de la que aprender y un punto de partida para lo que vamos a hacer después, solo que en una versión renovada y mejorada de nosotros mismos.

Así que hazlo, asume: piensa en una declaración de responsabilidad del tipo «me despidieron porque en demasiadas ocasiones no cumplí los plazos y mi jefe dejó de confiar en mí» o «me despidieron porque nunca creí realmente en el producto y esa actitud se notaba de infinidad de maneras, tanto en lo pequeño como en lo fundamental» o «cumplía mis objetivos todos los trimestres pero supongo que nunca estuve cómodo de verdad compartiendo ideas».

Incluso si tu despido no fue enteramente culpa tuya, debes asumir totalmente tu responsabilidad por la parte que sí te toca.

Al final, eso fue exactamente lo que hizo Graham. «Nuestro sector dependía enteramente de la economía, no éramos precisamente inmunes, pero pensé que mi trayectoria me protegería. Iba muy perdido... Debería haber estado pensando en la empresa entera, poniéndome en el lugar del CEO —dijo—. La verdad es que los años de servicio me convertían en el coste perfecto a recortar, porque no estaba generando el negocio nuevo que necesitábamos. No me estaba ganando el sueldo.»

Asumir tu final es como una ducha fría de realidad. Vigorizante. Y además te da poder porque te obliga a centrarte en corregir —e incluso sobrecorregir— el error que hayas cometido de cara al futuro. Te espabila, te hace más consciente de quién eres; sencillamente, te hace mejor.

Nunca adivinarías que el fallo de Graham en el pasado haya podido ser la mediocridad si lo vieras ahora: después de esperar el periodo establecido en la cláusula de no competencia, Graham montó su propia empresa y hoy es el día que se lanza a la captación de clientes con una intensidad que te trae a la mente la expresión «hambre de lobo». El año pasado facturó 1,5 millones de dólares y acaba de iniciar la expansión a una segunda ciudad.

Todo esto no habría ocurrido jamás si hubiera dejado que su despido lo definiera. En vez de eso, lo que hizo fue definirlo él como el principio de un capítulo completamente nuevo del que iba a ser el autor.

UN UNIFORME NUEVO

La segunda situación en nuestras carreras que invita a la reinvención se produce cuando cambiamos de empresa.

¿Eh?

Tal vez te estés preguntando por qué ibas a querer reinventarte en ese momento precisamente. Si acaban de contratarte en una empresa nueva, será porque ya tienes lo que hay que tener. Y si no te han echado como consecuencia de una fusión, una vez más, cabría suponer que es porque lo haces bien.

Cierto y cierto. Pero esta es la cuestión: unirte a una nueva organización, tanto si te han contratado como si ha habido una fusión, es como convertirte en ciudadano de otro país. Tal vez hayas entonado el himno nacional en el momento en que el avión aterrizaba en suelo extranjero, pero todavía tienes montones de cosas que aprender antes de que se te pueda considerar verdaderamente oriundo del lugar. Nuevo idioma, costumbres nuevas, gente nueva, procesos y prácticas nuevos. Nuevas sutilezas culturales que ni siquiera eres capaz de detectar todavía.

Así que hazte un favor y deja a un lado esta idea de que puedes pensar y actuar como siempre, y contempla la posibilidad —tal vez incluso acoge con los brazos abiertos la posibilidad— de que puede que aprendas y crezcas con tan solo bajar la guardia y abrirte al cambio.

No, no estamos sugiriendo que tires por la borda tu verdadero yo ni tus valores personales ni los valiosos conocimientos que has acumulado a lo largo de los años. Eso sería una tontería. Más bien estamos sugiriendo que te tomes tu recién adquirida «nacionalidad» de la nueva empresa como una oportunidad de aumentar y ampliar tu repertorio de habilidades, intentar nuevos comportamientos y reconsiderar tus asunciones sobre cómo hay que hacer las cosas.

Consideremos el caso de un ejecutivo que conocimos cuando asistió a uno de nuestros seminarios de dos días sobre liderazgo: el caballero en cuestión se había pasado casi toda su carrera en una empresa familiar californiana del sector vinícola. De hecho era el responsable de ventas y tenía a su cargo un equipo de 100 comerciales cuando los compró un conglomerado europeo. Por un lado, la operación era una excelente noticia para nuestro ejecutivo porque el nuevo dueño había prometido dedicar una cantidad considerable de recursos adicionales a marketing. Por otro lado, el nuevo propietario también había nombrado a un equipo directivo de europeos que, en opinión de nuestro ejecutivo, eran unos muermos y daban bastante pereza: se habían cargado la charla informal de rutina sobre deportes previa a todas las reuniones, habían reducido el tamaño del muy popular comedor de empresa y exigían que se adoptara un enfoque en la relación con los clientes que a buena parte de la «vieja guardia» se le antojaba frío e impersonal.

¿Desastre profesional en lontananza? La verdad es que no, porque este ejecutivo decidió que prefería reinventarse que dimitir. Le encantaba Napa, donde se encontraba la empresa, creía en el producto y tenía la intuición de que el nuevo propietario podía ser capaz de crear un futuro prometedor para la compañía entera y por tanto para él mismo. Así que tiró por la ventana la actitud de «así no es como solíamos hacerlo por aquí» y se propuso aprender el por qué de todas y cada una de las nuevas prácticas que se fueran aplicando. Tanto en reuniones como en conversaciones privadas siempre insistía sutilmente en profundizar en los motivos con preguntas como «¿me ayudas a entender las consideraciones en que se basa el nuevo sistema de previsión de ventas?» o «¿me podrías explicar, paso a paso, cómo has llegado a esa conclusión sobre el mercado del Medio Oeste?, porque para mí es toda una novedad y me interesa mucho». Es decir, el ejecutivo de nuestra historia dio a entender claramente que quería unirse al programa, y que, por tanto, invertiría la energía y adoptaría la actitud de apertura mental necesarias para ello.

Es una reacción que podemos calificar de ganadora a la hora de enfrentarse a la novedad: una actitud de «¡guau!» y no de «¡buuu!» Está claro que tus viejos hábitos y tus fortalezas te pueden haber funcionado bien, pero eso era en el sitio donde trabajabas antes.

Construye sobre esos cimientos y sencillamente sé consciente de que un lugar nuevo exige una nueva versión de ti mismo, ábrete al cambio de dentro a fuera.

EL DÍA DESPUÉS DE LA FIESTA DE DESPEDIDA

Y ahora, a jubilarse.

Para la mayoría de nosotros, la jubilación es exactamente lo contrario a la experiencia del despido: en este caso se trata de un adiós con lágrimas de alegría en los ojos. Adiós a la rutina. Adiós a reuniones y más reuniones. Adiós a la gente que controla tu horario. Adiós a las plantas de producción y al incesante tambor de guerra de las exigencias de productividad. Adiós a las mismas llamadas comerciales de siempre. Adiós a cargar el teléfono mientras esperas para embarcar en un vuelo a Chicago que acaban de retrasar.

Por fin eres dueño de tu tiempo.

A veces, la jubilación también viene con una especie de alivio intelectual. Puede darse una situación en la que se te han acabado las ideas frescas y ya no tienes nada más que aportar al negocio en el que estás. Tal vez has pasado la edad habitual de jubilación y cuando miras a tu alrededor ahora te das cuenta de que te has convertido en un obstáculo que impide progresar a otras personas más jóvenes de la organización, que están esperando a que por fin te vayas para poder empezar a forjarse las carreras con las que sueñan. Tenías una responsabilidad para con ellos y lo sabías.

Así que ve en paz.

Pero no te jubiles.

Reinvéntate.

Di adiós; y luego di hola. A algo nuevo. A algo que tenga sentido. A algo grande.

Si nunca has trabajado tu Área de Destino, la jubilación es buen momento para empezar. Vuelve a estudiar; aprende lo que te haga falta aprender. Identifica una nueva actividad y crea el tipo de vida que siempre has querido vivir.

Monta un negocio como hizo nuestro amigo Graham. Puedes decantarte por el terreno conocido del que vienes o aventurarte en otro completamente nuevo. Compra una franquicia. Conviértete en socio de una *start-up* a la que le vendría muy bien alguien con tus años de experiencia. Lánzate al voluntariado por una causa que te toque el corazón.

Simplemente no dejes de crecer.

Juega un poco al golf. Planta algo en el jardín. Viaja por el país o por el mundo. Escribe una novela. Todas esas actividades que has estado esperando a tener tiempo para hacer. Sencillamente huye del inmovilismo como de la peste. El inmovilismo es el responsable de que demasiados jubilados anden por ahí suspirando por los viejos tiempos, regodeándose en la nostalgia de una época que en realidad nunca fue como la cuentan.

Eso no beneficia a nadie. Suelta lastre.

Da rienda suelta a tu energía y a ti mismo para fluir hacia algún lugar nuevo. La jubilación te permite —¡vaya, casi casi te suplica!— que vivas en el pasado. La reinvención te espolea para vivir en el presente y el futuro.

Técnicamente, los dos nos jubilamos en 2001. (Bueno, uno de nosotros se jubiló y a la otra la echaron por irse con el que se había jubilado.) Lo que veíamos que se abría ante nuestros ojos era un vasto territorio esperando a que alguien lo explorara. Y eso fue precisamente lo que hicimos, sobre todo con el lanzamiento de nuestro MBA en línea. ¡Nos convertimos en emprendedores! De eso se trata cuando hablamos de reinventarse: ahí no he estado; eso no lo he hecho.

Obviamente no somos los únicos que han aprovechado la jubilación para empezar de cero. En absoluto. Todos conocemos cientos de historias de gente con «segundas carreras» profundamente satisfactorias. Andy Pearson de PepsiCo, Bill George de Medtronic y Kevin Sharer de Amgen se jubilaron de las típicas grandes multinacionales estadounidenses para convertirse en profesores de la Harvard Business School. Cal Ripken Jr., la leyenda del béisbol que se retiró en 2001 tras 21 temporadas con los Baltimore Orioles, montó un negocio que incluía dos complejos deportivos orientados a los jóvenes, un apretado programa de charlas, y frecuentes intervenciones en televisión. También es el propietario de dos equipos de la liga menor. Da la impresión de que, para Cal Jr., una leyenda cuando se jubiló a los 40, no es más que el principio de una nueva era.

Ese tipo de reinvención no está únicamente al alcance de los CEO y las estrellas del deporte. Hace poco conocimos a un emprendedor del sector de los seguros que vendió su empresa, se jubiló y volvió a la universidad para convertirse en fisioterapeuta. Ahora trabaja en el New York's Hospital for Special Surgery [Hospital para Cirugía Especial de Nueva York] y es más feliz que nunca. Conocemos a un policía retirado de Nueva York que se forjó una carrera exitosa como representante de propietarios en proyectos de construcción complicados. Un fitopatólogo jubilado que montó una plantación de café en Honduras. Un ejecutivo jubilado del sector sanitario que se puso a estudiar Teología. Un director de sistemas jubilado que se hizo músico de jazz.

Podríamos seguir y seguir, pero ya se entiende a lo que vamos: cuando la carrera toca a su fin, la vida no.

Solo se trata de una nueva vida que comienza.

Bueno, lo reconocemos, hay cosas que sí que se acaban.

Este capítulo sobre la emoción de reinventarse, por ejemplo.

Y este libro también.

Hemos realizado un largo recorrido juntos desde ese primer momento en que nos propusimos que *El MBA para la vida real* se convirtiera en tu acompañante mientras jugabas el partido mejor y más grande del mundo, el de los negocios. Hemos dicho que nadie debería dedicarse a los negocios en solitario. En última instancia, los negocios son un deporte de equipo y queremos agradecerte una vez más que nos hayas dejado jugar en el tuyo.

Nosotros hemos contribuido con prácticamente todo lo que sabemos sobre competencia y estrategia, globalización y crecimiento, finanzas y marketing. Hemos explicado nuestras mejores ideas sobre cómo liderar con la búsqueda de la verdad y el fomento de la confianza como guías que iluminen el camino para crear un equipo de diez, y sobre cómo llevar a los «genios, vagabundos y ladrones», que pueden hacer que el trabajo resulte... bueno, particularmente interesante. Para terminar nos hemos ido a las trincheras de tu carrera para ayudarte —eso esperamos— a descubrir lo que deberías hacer con ella, cómo avanzar y cómo asegurarte de que nunca se acabe realmente.

Porque el trabajo es genial. Es vida. Es lo que hacemos.

Cada día mejor.

Agradecimientos

En este libro argumentamos que los negocios son un deporte de equipo. Y la verdad es que escribir libros también. Gracias a Dios, hemos podido estar en el terreno durante los últimos diez años y conocer a muchísima gente maravillosa. Gente inteligente, sabia, atrevida, generosa, creativa, sencillamente rebosantes de cosas que aportar. Os queremos y queremos daros las gracias por las muchas maneras en que habéis ayudado a crear los conceptos y prácticas que aparecen en este libro.

En primer lugar, están los emprendedores de los negocios grandes y pequeños cuyas historias y hallazgos llenan las páginas de este libro que acabas de leer: Dave Calhoun, Erik Fyrwald, Joe DeAngelo, Michael Petras, Dennis Gipson, Scott Mannis, Vindi Banga, Paul Pressler, Bunny Williams, Joey Levin, Michael Zeliff, Susan Jacobson y Griff Long. Todos y cada uno de vosotros sois un faro resplandeciente y rebosante de conocimientos y nos consta que vuestras experiencias serán una guía muy útil para otros compañeros de viaje que avanzan por la larga y tortuosa —y a veces llena de baches— senda del éxito en los negocios. También estamos tremendamente agradecidos a quienes han contribuido a este libro pero que, por diferentes razones perfectamente comprensibles, han preferido que no apareciera su nombre real o su nombre completo.

Durante los últimos diez años y alguno más, también hemos estado rodeados de gente que sencillamente nos ha hecho más listos —mucho mucho más listos— gracias al impacto de sus palabras y acciones sobre nosotros. Don Gogel, de la firma de capital privado Clayton Dubilier & Rice nos ha enseñado mucho sobre las dinámicas y los acuerdos del sector del capital privado, al tiempo que daba muestras de saber dar el toque perfecto a la delicada tarea de gestionar una asociación empresarial. Barry Diller, fundador y CEO de IAC, ha sido un socio magnífico; su mente inquisitiva, su energía y coraje a la hora de competir nos han enseñado ingentes cantidades de cosas sobre emprender y sobre los negocios en línea. Bill Conaty, coautor de *The Talent Masters: Why Smart Leaders Put People Before Numbers* [Maestros del talento: por qué los líderes ponen a las personas por delante de los números], fue el responsable de Recursos Humanos en GE durante veinte años y ha sido desde entonces y sigue siendo un gran amigo y socio empresarial. Sus profundos conocimientos sobre la gestión de personas, compartidos a lo largo de muchas conversaciones, inspiran nuestro propio pensamiento y por tanto están presentes en numerosos pasajes de *El MBA para la vida real*.

Muchas de las historias e ideas que aparecen en este libro han surgido al hilo de intensas conversaciones con el profesorado, los empleados y los alumnos del Jack Welch Management Institute de la Universidad de Strayer. Estamos agradecidos a la decana del JWMI, Andrea Backman, y a su CEO Dean Sippel, por haber hecho del JWMI la emocionante institución que es a día de hoy, y al director ejecutivo de Strayer, Rob Silberman, y su CEO, Karl McDonnell, por su inquebrantable apoyo a lo largo del proceso.

La primera vez que oímos el término «Área de Destino» fue cuando Terry E. Smith —pastor de la iglesia Life Christian Church de Orange, Nueva Jersey, y autor de *10: How Would You Rate Your Life?* [10: ¿Qué nota le pondrías a tu vida?]— dio una charla en nuestra iglesia un domingo por la mañana. Te damos las gracias, Terry, por haber tenido la generosidad de permitirnos tomar prestado el concepto y adaptarlo al contexto de los negocios.

Y, por supuesto, qué decir de la inefable editora de HarperBusiness Hollis Heimbouch, que ha guiado la confección de este libro desde que no era más que unas cuantas notas manuscritas en una servilleta de papel hasta adoptar su forma definitiva, y lo ha hecho con elegancia, humor y virtuosismo editorial. Es la mejor del sector. Y... hablando de superlativos: la participación de Bob Barnett de Williams & Connolly ha sido fundamental para el lanzamiento de este libro y, una vez más, estamos muy agradecidos por ello.

También hemos recibido un pulido editorial magistral de Megan Slatoff-Burke, la directora de marketing de JWMI, cuya afilada inteligencia sencillamente ha mejorado este libro.

Todos los equipos necesitan una sección que anime y nosotros tenemos la suerte de contar con una fantástica que adopta la forma de nuestra maravillosa y variopinta familia. Gracias a todos por querernos pese a los arrebatos lastimeros, los lloriqueos ocasionales y las quejas, y por celebrar con nosotros cuando por fin acabamos.

Para terminar, este libro no habría sido posible sin el aguante y la ayuda pura y simple de Rosanne Badowski. Rosanne se unió al equipo Welch (como asistente de Jack) en 1988. Sí, 1988. Y sí, todavía se las sigue ingeniando para que todo funcione. Gracias, Rosie Ro. Te lo prometemos: no más libros.

Por lo menos no en unos cuantos años.

ECOSISTEMA DIGITAL

NUESTRO PUNTO DE ENCUENTRO

www.edicionesurano.com

2 AMABOOK
Disfruta de tú rincón de lectura y accede a todas nuestras **novedades** en modo compra.

3 SUSCRIBOOKS
El límite lo pones tú, **lectura sin freno**, en modo suscripción.

DISFRUTA DE 1 MES DE LECTURA GRATIS

AB

SB suscribooks

quiero**leer**

1 REDES SOCIALES.
Amplio abanico de redes para que **participes activamente.**

4 QUIERO LEER
Una App que te permitirá leer e interactuar con otros lectores.